普惠金融
与乡村振兴的实践研究

陈露 著

中国农业出版社

北 京

图书在版编目（CIP）数据

普惠金融与乡村振兴的实践研究 / 陈露著. —北京：
中国农业出版社，2023.6
　　ISBN 978-7-109-30738-4

　　Ⅰ.①普…　Ⅱ.①陈…　Ⅲ.①农村金融－研究－中国
Ⅳ.①F832.35

中国国家版本馆 CIP 数据核字（2023）第 092882 号

中国农业出版社出版

地址：北京市朝阳区麦子店街 18 号楼
邮编：100125
责任编辑：边　疆
版式设计：杨　婧　　责任校对：吴丽婷
印刷：北京中兴印刷有限公司
版次：2023 年 6 月第 1 版
印次：2023 年 6 月北京第 1 次印刷
发行：新华书店北京发行所
开本：700mm×1000mm　1/16
印张：9.25
字数：150 千字
定价：58.00 元

前　言
FOREWORD

　　中国作为世界上最大的发展中国家，"三农"问题历来是党和国家工作的重中之重，农村金融是中国金融体系的一个重要组成部分。全面推进乡村振兴离不开金融支持，要充分认识到金融在经济发展中的重要地位和作用。金融服务已经成为推进乡村振兴工作的重要方法，其中普惠金融将长期遭受金融排斥的弱势群体纳入金融服务体系，为乡村振兴提供便利化和多样化的金融服务，有效缓解了农村抵押难、担保难以及贷款难等问题，所以发展普惠金融对于促进乡村振兴意义重大。

　　本书辑录了笔者有关普惠金融与乡村振兴实践的七篇论文，分别从全国、浙江、温州三个角度进行了研究。其中，第一章为工商资本投资农业问题研究，分析了工商资本进入农业的动力、工商资本进入农业的领域、工商资本投资农业的经营方式和国内外对工商资本进入农业领域的态度。第二章为浙江省新型农业经营主体发展的金融支持政策优化研究，在分析浙江省积极探索金融支持新型农业经营主体发展的创新做法及其存在问题的基础上，提出完善金融支持新型农业经营主体发展的对策建议。第三章为温州市农村金融服务现状及其发展研究，对温州市农村金融服务体系现状进行研究，从农村金融服务需求和供给的角度分析温州市农村金融服务，提出改善温州市农村金融服务体系的政策性建议。第四章为金融服务"最多跑一次"助力乡村振兴路径研究——基于浙江温州助农服务点的调查，立足于温州市助农服务点的现状，深入分析助农服务点存在的问题，以完善金融服务"最多跑一次、跑也不出村"的助农服务品牌助力乡村振兴为目的提出相关建议及对策。第五章为创新"三位一体"信用合作模式破解农村金融服务难题，分析了瑞安"三位一体"信用合作的实践经验，并从"三位一体"农民专业合作社、"三位一体"信用信息平台、"三位一体"信用评价体系、"三位一体"金融支持体系等方面提出完善"农合联＋金融"服务模式。第六章为温州市产业扶贫长效机制构建研究，总结了温州市产业扶贫第一产业带动模式、第二产业带动模式和第三产业带动模式的实践，分析了温州市产业扶贫存在的问题，最后提出相关的对策建议。第七章为基于金融扶贫视角的温州农民资产授托代管融资研究，分析了农民资产授托代管融资的减贫做法及其存在的问题，提出构建"政府扶持、金融机构引导、弱势群体参与"的金融扶贫新机制。

本书研究成果依托了浙江省社科联、浙江省农业农村厅、浙江省教育厅、温州市委政研室、温州市农业农村局、温州市社科联等单位委托的课题。研究成果《温州市产业扶贫模式分析及对策建议》获浙江省农业农村系统优秀调研报告优胜奖；《农村"三位一体"信用合作的实践研究——浙江瑞安案例》获浙江省农业经济学会优秀论文三等奖；《新型农业经营主体融资困境及其对策研究》获温州市农业农村系统优秀调研成果三等奖；《温州农村金融供给与需求研究——基于助农服务点的调研》获温州市农村经济学会优秀论文一等奖。

另外在撰写过程中，参阅和借鉴了众多专家的研究成果，也得到了多方面的帮助和支持，在此表示诚挚的感谢和由衷的敬意。由于时间、资料、笔者水平及其他条件的限制，本书可能存在不足与疏漏之处，敬请各位读者批评指正。

陈　露

2023 年 6 月

目 录
CONTENTS

前言

温 州 篇

全国篇

第一章
工商资本投资农业问题研究

● 本章导读

现阶段，资本投入的不足成为现代农业发展的瓶颈，而工商资本参与现代农业的发展，不仅有利于缓解农业资金投入不足的问题，还可以给农业领域带来资金、先进的生产技术和现代化的管理理念。但是也不能忽略，工商资本投资农业如果把握不好，也会产生一些风险和隐患。

第一节 引 言

2013 年中央 1 号文件首次提出："鼓励和引导城市工商资本到农村发展适合企业化经营的种养业。"这是中央高瞻远瞩，以"跳出农业解决农业"的思路，落实"以工促农、以城带乡"政策的具体体现。引导工商资本投资农业，不仅是带动农村发展、促进农民增收的重要举措，也是解决"三农"问题的有效途径。

我国政府对农业领域的资金投入不足，农民和农业自身积累有限，农业信贷资金也很短缺，这些问题一直阻碍着农业现代化的发展。解决农业现代化发展问题除了依靠现有农业企业自身积累以及政府的资金投入以外，最有效的方法在于引导其他资本进入农业领域。长期以来我国政府一直致力于工业投资，目前除了高科技成长性产业外，许多工业行业面临着产业结构升级调整和盈利能力下降的问题。于是大量的工商资本成为闲置资源，需要寻找投资出路。现代农业有诸多利润增长点，将闲置的工商资本引入农业是工商资本寻求利润空间的必然趋向。

工商资本投资农业引发了社会各界的广泛关注，很多学者从不同的角度对相关问题进行了大量研究，相关研究成果为该领域的理论进步及实践参考做出了重大贡献。

第二节　工商资本进入农业的动力

有些学者研究了工商资本进入农业领域的动力。吸引工商资本投资农业的动力可以概括为外部动力和内部动力。工商资本投资农业的行为正是在外部动力和内部动力的相互作用下产生的。

外部动力包括：

①政府部门给涉农企业提供相应的优惠政策，这些优惠政策降低了农业风险，引导工商资本进入农业领域。

②农业所具有的独特的比较优势使得农业的潜在机会很大，对资本具有旺盛的需求。

③金融资本市场的建立和发展为农业的现代化发展提供了直接的融资渠道。

与之相对应的，内部动力包括：

①我国农业资源的市场价格极低，越早进入农业领域，越早利用农业领域的资源越有利于企业的发展。

②工商企业资本有着巨大的存量，出于对自身经济利益的追求，他们愿意投资农业。

③工商企业为了保证原材料的供应而投资农业。

第三节　工商资本进入农业的领域

农业对工商资本的吸引力越来越大，依据农业领域自身的特点，工商资本可投资的农业项目可以归为以下几大类：

①农业最前端的种业。

②资源密集的特色种植、养殖。

③农业机械和农用物资。

④农产品加工业。

⑤有机农业、休闲观光创意农业。

⑥农业服务业。

⑦互联网农业。

⑧农业园区建设。

随着工商资本对农业投入的额度日益增多和领域日益广泛，传统的农业基础设施建设、农业高新技术项目、农产品深加工、种养业都有关于工商资本投资农业领域的问题。通过分析300多家投资农业的浙江省工商企业，发现种子种苗产业、农业高新技术产业、农产品加工业、名特优新农产品开发及农产品市场建设等成为工商企业青睐的对象。在研究无锡市惠山区的工商资本投入农业的开发情况时，发现该区的工商资本对农业领域的投资额达数千万元且投资农业的领域在逐步扩大，除传统的粮食种植外，更多的是投向畜牧业、园艺业、水产业和特色种养业。与此同时，休闲观光农业、绿色农业、都市农业、科研农业、环保农业等新型农业产业也不断出现。发展休闲观光农业，利用天然的农业景观资源发展观光、休闲、旅游等农业服务业，已逐渐成为农业现代化发展过程中工商资本进入农业的选择之一。新型农业起源于人们对环境和安全问题的重视以及对食物品质的追求，发展休闲观光农业也是拓展农业功能的重要途径。休闲农业、观光农业、都市农业等前沿农业市场具有巨大的发展潜力。目前，新型农业在我国获得了长足发展，尤以北京、上海和广州等大城市的近郊最为典型，其中珠江三角洲地区最为发达，发展最为迅速。

第四节　工商资本投资农业的经营方式

学者们研究的另外一个问题是工商资本投资农业的经营方式。在研究中将工商企业对农业的投资方式分为资金、技术投入和合资、独资或合作经营。第一种投资方式是由于工商企业为了保证稳定的源材料和商品供应而进行的资金及其技术投入。第二种投资方式是工商企业独资或相关的农业部门合资建立企业集团，合作经营、共同管理、风险共担、利益均沾的经营方式，对农业综合开发、资源的利用有积极作用，它使生产、加工、销售成为一个有机的整体。把投资方式归结为投资开放型、租赁经营型、联合开发型和基地契约型四种；同样的，也将工商资本进入农业领域归纳为四种方式，分别是独资型、合作型、引资型和再生型。一些资金实力雄厚的工商业主，靠自有资金独立创业农业企业；一些工商业主由于受自身经济和生产技术的限制，单单依靠自身的力量难以得到好的发展，因而通过资金与资金合作、资金和技术合作和股份合作的渠道创业；有些工商业主则通过招商引资，借助外来资本兴办农业企业；甚至有些工商业主，先把部分工商资本投入农业领域，并以再生的农业资料生产企业推动原有工商企业进一步发展。

第五节　国内外对工商资本进入农业领域的态度

（一）国内对工商资本进入农业的态度

国内学者对待工商资本进入农业的观点分为两种：一种是支持的观点，另一种是反对的观点。持支持观点的学者认为建设社会主义新农村的主体不能局限于农业本身，工商资本也是很关键的要素。工商企业及其资本进入农业领域后可以为城镇化、工业化推进期的农业经营方式转型和我国农业现代化建设、农业产业化经营和规模化经营带来重要贡献。有些学者指出，实现农业产业化必须把工商资本引入农业，工商资本终将成为农业产业化的生力军。首先，工商资本有富余，有能力投资于农业；其次，农业投资项目盈利潜力很大；最后，工商资本投资农业，是实施"以工促农、以城带乡"战略的重要措施。

长期以来，我国农村贫苦且农民的自身积累薄弱：农业资本投入相对缺乏，产业化严重滞后，设施装备条件差，农村从业人员素质不高，农业融入市场经济存在先天不足。积极引导工商资本进入农业领域，不仅可以带来资本，而且可以把工业的管理理念、生产方式、管理经验和科学技术等全新的理念带到农业和农村，是提升现代农业发展理念和发展形式的现实途径。持反对态度的学者担心工商资本进入农业后，社会公共利益会被损害。农民的土地被流转后，大量的农民将因不可以从事农业生产活动而失业，对农村社会的稳定产生负面的影响。一些工商企业流转土地后"圈而不用"，会造成大量耕地资源的浪费。部分工商企业贪图土地价值而投资农业领域，或者以骗取国家财政补贴为目的，以"圈地"或非农化为目的造成土地非农化、非粮化，进而影响重要农产品的供给。甚至，还有部分工商资本投资农产品流通领域进行市场炒作，不仅严重扰乱了正常市场秩序，损害了农业生产，还影响了政府宏观调控，对城乡居民的消费也带来消极的影响。

（二）国外对工商资本进入农业的态度

各个国家农业在早期发展过程中也经常遇到资金不足的问题。西方和亚洲其他国家对待工商资本投资农业的态度和我国大致相同，也可分为两种：一种是支持的观点，另一种是反对的观点。日本和韩国两个国家对待工商资本投资农业领域持十分谨慎的态度。这两个国家不提倡依靠工商资本的力量来发展现代化农业，而是在建立农村土地制度的基本准则上，在限制工商资本投入农业的同时，扶持小农组织建立"综合农协"模式。在该模式下，农民不仅分享种植业的收益，还几乎分享了加工、流通、储藏、生产资料供应、技术服务和土地"农转非"等诸多方面的绝大部分收益。在这种模式下，农民自主选择进城就业，自主进行农业和农村经济发展。

菲律宾在对待资本投资农业的问题上和日韩两国截然不同。菲律宾政府认为发展现代化的农业必须依靠工商资本的力量。工商资本进入农业领域采用"公司＋农户"模式。在政府积极鼓励工商资本投资农业的政策指导下，西方大型农业跨国公司和本国资本家控制着菲律宾农业生产产前、产中、产后的各个环节。由于大公司有着先进的生产技术和丰富的管理经验，其生产效率远远高于小农经济，从事种植业的农民被迫破产，最终失去土地。在这样的模式下，农民进城就业和生活并非自主选择，而是在农业和农村经济现代化过程中被迫失去了自主性。

第六节　总　结

引导和鼓励工商资本投资农业领域具有重要的现实意义，不仅可以加快农业现代化的发展，还可以提高工商资本的资金使用率。但在对待工商资本进入农业领域上出现的两种截然不同的看法让人费解。一方面，农业发展需要大量资本，而政府部门的资金投入远远不能满足农业发展的需求；另一方面，有些学者又反对工商资本进入农业领域。那么我们应该如何看待工商资本投资农业对农业发展带来的利弊呢？

鼓励工商资本进入农业领域，会给农业发展带来资金、技术和先进的管理理念，还可以拓展农产品的流通渠道，促进农产品开拓市场。但是也不能忽略，工商资本投资农业如果把握不好，也会产生一些隐患。工商资本进入农业后，农民的土地被流转，大量的农民将为了生存的需要成为资本企业的雇佣工人，从而影响农村的长期发展。所以政府部门在政策上一方面要鼓励、支持，另一方面要引导、规范，对待不同情况的工商资本要采取不同的、差异化的政策。

最后，笔者认为对于工商资本投资农业领域这个问题，既不能全盘肯定也不能全盘否定，要一分为二地看待。从发展趋势上看，资本进入农业不可避免，工商资本对农业发展所起的作用也显而易见。但与此同时我们也应该警惕并防范资本的趋利本性所蕴含的风险。

浙江篇

第二章
浙江省新型农业经营主体发展的
金融支持政策优化研究

● 本章导读

随着我国农业和农村经济的快速发展，以农民专业合作社、家庭农场、专业大户、农业产业化龙头企业等为代表的新型农业经营主体日益显示出蓬勃生机与巨大潜力，在推进农业现代化和实现乡村振兴中发挥着越来越重要的作用。新型农业经营主体在发展过程中仍然存在一些问题，尤其在融资方面，已经陷入困境，成为影响新型农业经营主体做大做强的重要制约因素。因此，研究新型农业经营主体发展的金融支持政策具有重要的理论意义与实践价值。本章首先进行了国内外相关文献综述。学术界对新型农业经营主体发展问题进行了一定研究，国内外相关研究文献主要集中在新型农业经营主体发展、新型农业经营主体面临的困难与挑战、金融支持新型农业经营主体发展三个方面。其次，总结归纳浙江省积极探索金融支持新型农业经营主体发展的创新做法，包括探索信贷产品模式、探索抵押担保模式、探索农业保险模式。发现浙江省在金融支持新型农业经营主体发展方面做出了有益探索，取得了一定成效。但是新型农业经营主体在发展过程中仍存在融资困境，阻碍其蓬勃发展，原因涉及新型农业经营主体、金融机构和政府部门三方面。最后，本章在探讨辽宁省、山东省、四川省为代表的新型农业经营主体金融支持模式的基础上，分析了美国、日本、印度、墨西哥的金融支持模式，归纳了相关经验，从新型农业经营主体、金融机构和政府部门三个层面提出完善金融支持新型农业经营主体发展的对策建议。

第一节 引 言

"三农"问题始终是国家比较关心的问题，新型农业经营主体一词首次出现在 2013 年的中央 1 号文件中，该文件明确指出要构建集约化、专业化、社会化的新型农业经营主体。此后，新型农业经营主体成为农业经营体系中最受关注的部分，新型农业经营主体一词也成为历年中央 1 号文件的高频词汇。随着我国农业和农村经济的快速发展，以农民专业合作社、家庭农场、专业大户、农业产业化龙头企业等为代表的新型农业经营主体日益显示出蓬勃生机与巨大潜力，在推进农业现代化和实现乡村振兴中发挥着越来越重要的作用。

浙江对新型农业经营主体的培育与发展较为重视，采取了一系列举措，也取得了比较明显的成效，但由于新型农业经营主体自身发展规模小、担保抵押能力不足、经营效益不佳、经营管理不规范、抵御风险能力低，在发展过程中仍然存在一些问题，尤其在融资方面，已经陷入困境，成为影响新型农业经营主体做大做强的重要制约因素。因此，研究新型农业经营主体发展的金融支持政策具有重要的理论意义与实践价值。

本课题的研究的目的就在于，以浙江省这样的农业发达地区为研究对象，对其新型农业经营主体获得金融支持的情况进行分析。首先进行相关国内外文献综述；其次，总结浙江省积极探索金融支持新型农业经营主体发展的创新做法，在此基础上，分析浙江省金融支持新型农业经营主体发展存在的问题；再次，归纳国内外相关经验，以期为进一步推动金融支持新型农业经营主体发展提供政策依据；最后，从新型农业经营主体、金融机构和政府部门三个层面，提出完善金融支持新型农业经营主体发展的对策建议，供省委、省政府决策参考。

第二节 国内外文献综述

自从 2013 年的中央 1 号文件提出新型农业经营主体概念以来，国家和各地方密集出台了大量相关政策来培育壮大新型农业经营主体，特别是在金融支持新型农业经营主体方面力度不断加强。2013年，中央1号文件提出创新金融产品和服务，加大新型生产经营主体信贷支持力度；2014年，中央1号文件提出鼓励地方政府和民间出资设立融资性担保公司，为新型农业经营主体提供贷款担保服务；2015年，中央1号文件提出完善对新型农业经营主体的金融服务；2016年，中央1号文件提出积极开发适应新型农业经营主体需求的保险品种；2017年，中央1号文件提出鼓励金融机构积极利用互联网技术，为农业经营主体提供小额存贷款、支付结算和保险等金融服务；2018年，中央1号文件提出深入推进农产品期货期权市场建设，稳步扩大"保险+期货"试点，探索"订单农业+保险+期货（权）"试点；2019年，中央1号文件提出突出抓好家庭农场和农民合作社两类新型农业经营主体；2020年，中央1号文件提出发挥全国农业信贷担保体系作用，做大面向新型农业经营主体的担保业务。浙江省政府也非常重视新型农业经营主体融资问题。2016年，浙江省1号文件提出积极推动农村金融产品创新，进一步满足新型农业经营主体的金融需求；2018年，浙江省1号文件提出加快培育新型农业经营主体的地方配套政策体系。各时期国家和浙江省各类对新型农业经营主体的金融支持的主要政策文件如表2-1所示。

表2-1 对新型农业经营主体的金融支持的主要政策文件（2013—2021年）

政策文件	制定机构	年份	主要内容
《加快发展现代农业进一步增强农村发展活力的若干意见》	中共中央、国务院	2013	创新金融产品和服务，加大新型生产经营主体信贷支持力度
《关于全面深化农村改革加快推进农业现代化的若干意见》	中共中央、国务院	2014	鼓励地方政府和民间出资设立融资性担保公司，为新型农业经营主体提供贷款担保服务
《关于加大改革创新力度加快农业现代化建设的若干意见》	中共中央、国务院	2015	完善对新型农业经营主体的金融服务
《金融支持新型农业经营主体共同行动计划》	农业部、财政部等	2015	开展金融支农集约化、规模化经营试点；在农业融资、保险、财政支农政策等方面部署新工作
《关于落实发展新理念加快农业现代化实现全面小康目标的若干意见》	中共中央、国务院	2016	积极开发适应新型农业经营主体需求的保险品种

（续）

政策文件	制定机构	年份	主要内容
《关于加快转变农业发展方式的若干意见》	浙江省政府办公厅	2016	积极推动农村金融产品创新，进一步满足新型农业经营主体的金融需求
《关于深入推进农业供给侧结构性改革加快培育农业农村发展新动能的若干意见》	中共中央、国务院	2017	鼓励金融机构积极利用互联网技术，为农业经营主体提供小额存贷款、支付结算和保险等金融服务
《关于实施乡村振兴战略的意见》	中共中央、国务院	2018	深入推进农产品期货期权市场建设，稳步扩大"保险＋期货"试点，探索"订单农业＋保险＋期货（权）"试点
《关于加快完善培育支持新型农业经营主体政策体系的实施意见》	浙江省委办公厅、浙江省政府办公厅	2018	加快培育新型农业经营主体的地方配套政策体系
《关于坚持农业农村优先发展做好"三农"工作的若干意见》	中共中央、国务院	2019	突出抓好家庭农场和农民合作社两类新型农业经营主体
《关于金融服务乡村振兴的指导意见》	人民银行、银保监会等	2019	重点做好新型农业经营主体和小农户的金融服务，有效满足其经营发展的资金需求
《关于抓好"三农"领域重点工作确保如期实现全面小康的意见》	中共中央、国务院	2020	发挥全国农业信贷担保体系作用，做大面向新型农业经营主体的担保业务
《关于金融支持新型农业经营主体发展的意见》	人民银行、中央农办等	2021	增强新型农业经营主体金融承载力；健全适合新型农业经营主体发展的金融服务组织体系

近年来，学术界对新型农业经营主体发展问题进行了一定的研究，提出了一些建设性见解。国内外相关研究主要集中在新型农业经营主体发展、新型农业经营主体面临的困难与挑战、金融支持新型农业经营主体发展研究三个方面。

（一）国外研究现状

1. 新型农业经营主体发展研究

国外学者对新型农业经营主体的研究较少，因为国外并无新型农业经营主体这一概念，但有与之相对应的概念范畴，主要包括家庭农场和农业合作社。关于家庭农场 John（1921）认为，尽管一些发达国家较早实现了农业现代化，但是家庭农场却是新型农业经营主体中最具活力的经营主体，影响家庭农场经营的主要因素有劳动力、资本、土地和管理。家庭农场的生产规模、资产规模、盈利能力是家庭农场融资的主要影响因素，如果家庭农场发展所需的资金能够得到满足，可以显著提高家庭农场的生产经营效率及农场主的生活质量（DeYoung，1997；Mickiewicz et al.，2000）。Thompson et al.（2009）认为发达国家家庭农场的发展离不开良好的政府政策支持，比如相对完善的农业保险体系和针对家庭农场的低息贷款，均为家庭农场的成长营造了良好的环境。关于合作社 Emelianoff（1942）认为合作社具有企业的性质，农民将生产要素最大化后，也实现了合作社社员的利益最大化。发展合作社能够节省农业生产的成本，能够大大提高农民的收入，有利于推进农业现代化的进程（Valentinov，2007；Verhofstadt et al.，2017；Bartell，2003）。合作社在其发展过程中不能墨守成规，否则只能吸引低效生产者加入，为了获取健康有序的发展，合作社既要积极创新管理方法，全面加强自身建设，也需要政府的扶持帮助。（Karantininis et al.，2004；Fulton，1995；Ilipoulos，2013）。

2. 新型农业经营主体面临的困难与挑战

合作社建设过程中依然存在生产技术普遍较低、社员习惯搭便车、部分人员利用职务便利为自己牟取利益、长期项目缺少投资鼓励等问题，导致合作社的组织成本和监督成本较高、运行效率受到影响（Fama et al.，1983；Krasachat et al.，2009；Alchlan et al.，1972）。影响各国新型农业经营主体融资的因素很多，包括政府不够重视、缺乏相关的配套政策扶持、信息不对称等问题（Feather，1994；Chang et al.，2011）。此外，影响因素还包括投资资金转换成本过高、农民普遍缺乏投资资金、农民视野普遍狭窄、农民无法直观地看到合作社价值、缺乏投资动力等（Osborne，2006）。

3. 金融支持新型农业经营主体发展研究

针对上述问题及挑战，在如何加强金融支持新型农业经营主体可持续发展方面，国外学者提出的解决办法是提供有利的金融环境，如政府通过实行优惠利率政策、贷款政策，使家庭农场的信贷活动能够顺利进行，而家庭农场可以充分利用农业政策性保险、小额信贷产品、涉农企业税收优惠政策，在现代农业生产中获得金融支持（Robert et al.，2010；Chang et al.，2011；Jain et al.，2011）。Vallesi et al.（2016）提出鉴于正规金融体系在农业信贷方面的局限性，应该鼓励适当发展非正规金融，使正规金融与非正规金融有效联合，帮助新型农业经营主体拥有更多的融资机会，有效缓解其融资难、融资贵问题。

（二）国内研究现状

1. 新型农业经营主体发展研究

随着国内各地新型农业经营主体的培育不断加快，农业经营主体逐渐确立，国内许多学者对新型农业经营主体的范畴进行了阐释。黄祖辉等（2010）在研究浙江省新型农业经营主体的基础上，对新型农业经营主体进行了分类，主要分为三大类：农业专业大户、农民专业合作社和农业企业。孙中华（2012）指出促进农业转型升级，关键是要提升现代农业发展水平，必须高度重视和大力支持新型农业经营主体，主要包括专业大户、家庭农场、农民专业合作社、农业产业化龙头企业。张照新等（2013）也对新型农业经营主体进行了分类，认为除了常说的四类经营者，新型农业经营主体还应包括经营性农业服务组织。这五类主体在推动我国向现代农业转型方面起着不可或缺的作用。王慧敏（2014）指出要重视新型农业经营主体的发展，根据组织属性，新型农业经营主体可分为家庭经营型、合作经营型以及企业经营型三类，并强调三类新型农业经营主体在农业生产实践中的重要性是一样的。

2. 新型农业经营主体发展的困难与挑战

从实践来看，新型农业经营主体的培育和发展离不开金融的大力支持。除自有资金外，银行或者信用社贷款、借款以及政府补贴，也是新型农业经营主体运营资金的重要来源（黄祖辉等，2010）。与传统小农经营相比，新型农业经营主体融资意愿强、需求额度比较大、资金用途广泛、使用贷款时间长，在经营规模、盈利能力和市场竞争力等方面具有明显优势（潘悦宁，2018）。新型农业经营主体在发展过程中面临诸多困境，尤其是在不同程度上面临着资金短缺和融资困难（楼栋等，2013）。当然，造成新型农业经营主体融资难的原因是多方面的，主要原因是由新型农业经营主体、金融机构和政府部门三方面造成的（汪来喜，2016）。新型农业经营主体发展过程中存在农村信贷担保机制不完善、投资风险分担机制缺位、融资贷款难、融资成本高、金融产品和服务种类偏少、信贷期限偏短等问题（李晶玲等，2013；孙悦，2019；居琦，2018）。刘志成（2013）通过调查发现，农业科技创新不足、农业基础设施薄弱等致使新型农业经营主体难以健康、迅速发展。同时，新型农业经营主体发展还存在税收优惠制度缺陷、涉农增值税优惠落实不到位、融资供求状况不均衡、政府财政补贴扶持不足、保险保障效果低、政策评估和监管不足等问题（赵宇，2021；杨向东，2016；毕晓宏，2018；吴成浩，2019）。丁莹（2014）和 欧阳梅（2018）从新型农业经营主体自身角度分析了新型农业经营主体融资困难的原因，认为处在发展初期的新型农业经营主体规模相对较小、组织形式较为单一、规模化程度不高、盈利能力不强、缺乏有效的担保抵押物、抵押权处置变现困难，造成正规金融机构面对这类客户望而却步。部分新型农业经营主体经营业主文化程度低、农户技术获取能力不强，专业农业人才匮乏、农业经营主体自身经营风险高，农村土地产权模糊、农村土地制度不健全等也是造成获取金融支持困难的自身原因（李文欢，2019；李俊强等，2021；沈费伟，2020）。国内金融机构普遍存在农业信贷供给不足、金融服务创新体系落后、金融机构信贷产品单一、农业社会化服务发展滞后、贷款手续烦琐等问题，使得新型农业经营主体融资难上加难，严重阻碍了新型农业经营主体发展壮大（林芳，2016；王华，2014）。

3. 金融支持新型农业经营主体发展研究

针对新型农业经营主体的金融支持不足问题，学术界提出了相应的对策。王曙光（2013）认为推广产权抵押贷款，可以在一定程度上解决新型农业经营主体缺少抵押物的问题。还有研究提出，应建立健全农村土地流转机制，完善土地流转服务，及时修改农村土地承包经营权、农村宅基地、农房流转和抵押的法律法规（丁斌，2014；夏琦等，2013；冯高强，2013）。缓解新型农业经营主体融资难题，应提供适应新型农业经营主体融资需求的金融产品和服务，加大农村金融产品和服务创新力度，探索发展农产品订单、保单、仓单以及大型农用生产设施，在农村"三权"抵押贷款方面加大创新力度（黄金华等，2015；李琳，2019；边秀丽，2018）。还要深入推动农村信用体系建设，鼓励各地多渠道整合新型农业经营主体信用信息，除此之外，金融机构还需要加强基层网点建设，改善农村地区支付服务环境，扩大农村金融服务能力（汪艳涛，2014；商文瑜，2013）。李巧莎等（2014）的研究结论指出，应建立健全农村金融服务体系，大力发展小额贷款公司、村镇银行等新型金融机构，为新型农业经营主体提供更丰富的金融服务。应创新新型农业经营主体信贷支持模式，积极发挥政府扶持作用，推行银行、保险、财政、担保、农户等多方参与的信贷联保模式，完善相关配套支持措施（倪旭，2018；张洪涛，2015；刘伟，2018）。与此同时，政府财政应进行资金再分配，增强财税扶持力度，健全金融基础设施机制，提升农民专业技能和管理水平，充分发挥政府在培育新型农业经营主体中的作用，推动新型农业经营主体健康发展（顾志明等，2017；吴成浩，2019；陈淑玲等，2019）。

综上所述，虽然国内外学者对新型农业经营主体的发展情况进行了研究，但是现有研究依然存在以下不足：第一，对新型农业经营主体融资困难的原因缺乏深入剖析；第二，主要是从宏观层面分析金融支持新型农业经营主体的不足，而针对浙江省这一特定省份新型农业经营主体的研究很少，相关资料及数据也相对较少。鉴于此，本书以浙江省新型农业经营主体为研究对象，总结在创新信贷产品模式、创新抵押担保模式、创新农业保险模式等方面进行的金融服务支持新型农业经营主体的主要实践，并在此基础上，剖析金融支持新型农业经营主体发展面临的问题。最后，本书提出了相应的建议，从根本上解决新型农业经营主体融资难题，以期为探究金融支持新型农业经营主体发展路径提供经验借鉴。

第三节　浙江省金融支持新型农业经营主体发展的主要实践

在一系列的改革政策和支农惠农措施扶持作用下，浙江省农民专业合作社、家庭农场、农业龙头企业等新型农业经营主体不断发展壮大，呈现出良好的发展态势。截至 2020 年底，浙江省新型农业经营主体已达到 16 万家，其中农民专业合作社 4.23 万家，家庭农场 10.03 万家，农业龙头企业 5 898 家，农业社会化服务组织 1 万多家。2018 年底到 2020 年底，浙江省农民专业合作社、家庭农场和农业龙头企业的数量统计如表2-2所示。

表2-2 浙江省新型农业经营主体数量统计

时间	农民专业合作社（万家）	家庭农场（万家）	农业龙头企业（万家）
2018年底	4.73	4.03	0.61
2019年底	4.23	4.61	0.61
2020年底	4.23	10.03	0.59

数据来源：根据浙江省农业农村厅统计资料整理。

针对新型农业经营主体普遍存在的融资难题，浙江省积极探索金融服务支持新型农业经营主体，形成了一系列创新做法（图2-1）。

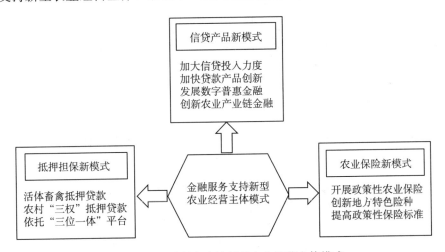

图2-1 金融服务支持新型农业经营主体模式

（一）探索信贷产品新模式

积极创新信贷产品，不断加大对新型农业经营主体的信贷投入力度。截至2020年底，全省涉农贷款余额4.69万亿元，新增6 744.27亿元。其中，新型农业经营主体贷款余额539.23亿元，新增144.45亿元。同时，加快对新型农业经营主体贷款的产品创新。邮政储蓄银行浙江省分行创新"三农"金融产品50余个，针对新型农业经营主体，推出家庭农场贷款、农民专业合作社贷款、粮农补贴贷款、粮食订单质押贷款等涉农贷款产品。中国农业银行浙江省分行在传统"惠农e贷"基础上，依据湖州白茶产业特色推出

"惠农 e 贷·白茶贷",依据温州番茄产业特色推出"惠农 e 贷·番茄贷",依据金华葡萄产业特色推出"惠农 e 贷·葡萄贷"等系列特色产品,不断创新"惠农 e 贷"产品,推出"增信 e 贷""农抵 e 贷"等产品,满足新型农业经营主体资金需求。发展数字普惠金融,实现农户及新型农业经营主体办贷"最多跑一次"。浙江农信系统农户小额普惠贷款首创"无感授信",推出"信息采集、无感授信、有感反馈、贷前签约、按需用信"简易流程的创新做法,农户及新型农业经营主体无须办任何手续就可以获得授信,2020 年全省授信总额 1.44 万亿元,为金融助力乡村振兴注入巨大动能。创新农业产业链金融服务,创建了省级 494 家农业龙头企业、604 家农民合作社、1 419 家示范家庭农场等"四张清单",建立名录清单,实施产业链"主办行"制度,支持新型农业经营主体发展。中国农业银行浙江省分行围绕全省 80 条农业产业链,重点扶持带动力强的新型农业经营主体做大做强,支持专业大户、家庭农场 2 万多户,贷款额超过 70 亿元。

(二)探索抵押担保新模式

积极拓宽抵押担保范围,创新推出符合新型农业经营主体需求特点的贷款业务。以"银行信贷+保险保障+政策补贴"模式推动生猪、奶牛、活鸡、活鸭、活鱼等活体畜禽抵押贷款业务,有效满足畜禽业经营主体融资需求。开化农商银行依托开化"两山银行",创新推出清水鱼抵押贷款,有效助力清水鱼产业,全国首笔清水鱼活体抵押贷款额度达 3 000 万元。截至 2020 年底,全省为 153 户生猪养殖经营主体授信 2.85 亿元,支持生猪稳产保供。金华成泰农商银行为金华市"智勇奶牛合作社"发放全省首笔奶牛活体抵押贷款 300 万元,共抵押奶牛 800 余头,还引入中国人民财产保险股份有限公司,为抵押物同时办理政策性农业保险和贷款保证保险。探索将农村的"三权"——农村土地承包经营权、林权及农民住房财产权作为抵押物,2020 年全省"三权"抵押贷款余额 281.02 亿元,有效激活了农村的"沉睡资产"。省内各地结合自身实际,依托"三位一体"大平台,积极探索抵押担保新模式。瓯海在全国首创农民资产授托代管融资模式,依托农商银行、农村"三位一体"公司及村经济合作社,将具有经济价值、风险可控、可托管的非标资产列入抵(质)押品范围,以授托代管的方式发放贷款,涉及三产指标、农村产权、养老指标、村级股权、土地（林地）承包经营权、手续不全的小微厂房等 16 大类 40 种非标资产。瑞安农合打造了全省首个集生产、供销、信用为一体的农村"三位一体"信用信息平台，在农户、农民专业合作社和金融机构间搭建起第三方信息平台，以新型农业经营主体的生产供销信息作为融资资本，截至 2020 年授信 1 241 笔、授信金额 2.53 亿元。

（三）探索农业保险新模式

持续对接新型农业经营主体风险分散需求，大力推动农业保险扩面、增品、提质。浙江省结合实际，开展了小麦、大麦、水稻、油菜、生猪、能繁母猪、大棚西瓜、柑橘树、葡萄、淡水鱼等政策性农业保险。其中，水产养殖互助保险试点险种涵盖海水鱼类、浅海藻类、浅海贝类、海水池塘蟹虾贝、淡水鱼类、龟鳖类和淡水虾类 7 大类，覆盖舟山、台州、温州、杭州、湖州、衢州和绍兴等 7 个设区市的 24 个县（市、区）。截至 2020 年底，浙江省政策性农业保险为 66.4 万户参保农户提供了 406.8 亿元的风险保障。省内各地依托自身状况创新地方特色险种，全省开办新型农业经营主体综合险、茶叶低温气象指数保险、水稻收益险、枇杷低温气象指数保险、生猪母猪保额附加险、土地履约保证保险、乡村治理公众责任险、循环流水养殖政策性保险等地方特色险种 95 个，累计提供风险保障 55.4 亿元，参保农户10.9 万户。以余杭为例，创新推出新型农业经营主体综合险，涵盖 168 个农产品品种目录，新型农业经营主体可根据实际需求自由选择，2020 年投保户数达 67 户，保险覆盖面达 87.54%，保费收入达 2 514.97 万元。此外，提高政策性生猪、种猪保险标准。将育肥猪保额由每头 600 元、每头 900 元两档分别提升至每头 900 元、每头 1 200 元，种猪保额由每头 1 000 元提升至每头 1 500 元。

第四节 浙江省金融支持新型农业经营主体发展存在的问题

通过对以上探索信贷产品模式、探索抵押担保模式、探索农业保险模式进行分析，发现浙江省在金融支持新型农业经营主体方面做出了有益探索，取得了一定成效。但是新型农业经营主体在发展过程中仍存在融资困境，制约其发展壮大。导致浙江省新型农业经营主体融资困境的原因复杂，本书将从新型农业经营主体、金融机构和政府部门三个层面对浙江省新型农业经营主体融资难的原因进行分析。

（一）新型农业经营主体层面

从新型农业经营主体层面看，存在主体自身条件限制的问题。近几年，虽然浙江省新型农业经营主体的数量迅速增长，但是受多种因素影响，普遍存在经营规模较小、财务管理制度不健全、自身管理欠规范等问题，整体抗风险能力偏弱。而且在调查过程中还发现，新型农业经营主体的进入门槛较低，有的只办理了工商登记，还未办理法人登记、税务登记等相关手续，往往无法向金融机构提供完整的或规范的财务资料和企业现状情况，造成金融机构和新型农业经营主体之间信息严重不对称，成为影响获取信贷资金的重要因素。由于金融机构对新型农业经营主体信用评级、授信审查以及贷款监督等方面存在较大难度，金融机构放贷的积极性进一步降低，一定程度上影响了金融支持力度。新型农业经营主体内专业人才十分匮乏，市场开拓能力强的高素质农民较少，且新型农业经营主体工作环境艰苦，很难吸引并留住高素质人才。此外，农村土地流转不畅制约着新型农业经营主体的发展。据调查，浙江省农村土地流转价格在 500 元/（亩·年）以上，部分甚至高达 2 000 元/（亩·年）左右，新型农业经营主体难以承受。新型农业经营主体在发展过程中仍然面临着自然风险、市场风险、技术风险等一系列经营风险，因此金融机构在发放涉农贷款之时较为谨慎。由于农业属于弱势产业，新型农业经营主体的资金需求周期长且效益偏低，金融机构对其贷款普遍缺乏积极性。新型农业经营主体缺少有效的抵（质）押品，抵押担保难是制约金融支持新型农业经营主体发展的主要因素。根据调研结果可知，浙江省新型农业经营主体缺乏有效担保抵押物既有法律政策障碍，又有自身资产价值难以实现的制约。除个别试点地区外，"三权"抵押贷款还存在诸多法律限制，尚未在省内全面推行，业务发展缓慢。此外，新型农业经营主体的主要资产为未经销售难以变现的农产品和活体畜禽等，相对价值不高且变现能力较低。而新型农业经营主体在生产经营中形成的农用机具、大棚等资产几乎都没有经过权属界定，也因单位价值低或保管难度较大等因素，难以进入金融机构抵（质）押品准入范畴。

（二）金融机构层面

从金融机构层面看，存在农村金融体系束缚的问题。尽管目前浙江省涉农金融机构数量逐渐增多，服务体系、机制建设日益健全，但是仍远远落后于新型农业经营主体的发展步伐，难以有效满足新型经营主体融资需求。相对传统小农户而言，新型农业经营主体在融资过程中呈现出融资需求额度较大、融资期限较长等新特征，因此传统的金融产品满足不了其融资需求，制约了金融支持新型农业经营主体的发展。在调研中发现，浙江省金融机构针对新型农业经营主体在金融产品创新上的内生动力不足，多元化金融服务和信贷支持产品缺失，所以从整体表现来看，新型农业经营主体在金融方面得到的支持没有产生足够效果。在农村，农商银行的认可度相对较高，而农业银行、邮政储蓄银行及其他村镇银行或小额贷款公司等受网点数量、经营规模等限制，对新型农业经营主体发展支持相对薄弱。由于农业本身具有天然弱质性和新型农业经营主体的大规模经营，涉农贷款属于高风险业务，金融机构通常会提高贷款利率。在调研中发现，浙江省新型农业经营主体贷款年利率普遍在 $6\%\sim 8\%$，远高于同期贷款基准利率，新型农业经营主体普遍反映贷款利率较高，大大增加了融资成本，难以承受，这使得新型农业经营主体自愿放弃向金融机构获取融资。同时，金融机构对新型农业经营主体的授信额度较小，与新型农业经营主体实际资金需求差距较大，无法满足现代农业发展的需要。以浙江省示范性家庭农场信用贷款为例，一般授信额度最高不超过 30 万元，显然贷款额度过小，不利于新型农业经营主体扩大经营。农业作为靠天吃饭的高风险行业，受到自然灾害和市场风险影响较为明显，新型农业经营主体对农业保险需求迫切。虽然浙江省积极探索农业保险产品创新，但是现有保险产品品种单一、保费过高、理赔难、供给主体少，政府对农业保险支持力度较弱，农业保险发展滞后，农村政策性保险覆盖率较低，农业保险对新型农业经营主体融资的保障尚未达到预期的效果，还不能满足新型农业经营主体多层次、差异化的农业保险需求。调查发现，在永嘉水稻种植成本大约为 1 100～1 500 元/亩*，而农业保险最高获赔仅 1 000 元/亩，不能覆盖成本。就目前的情况来看，保险公司的宣传力度不足，致使农民对农业保险没有足够的了解，加上农民的受教育程度大不相同且普遍不高，缺乏保险意识，不能认识到农业生产和经营过程中可能遇到的风险，也不能认识到农业保险所带来的相对完善的抵御风险能力。总之，农业保险的功能和作用没有得到充分发挥，从而使金融机构过多承受新型农业经营主体产业化的农业风险，在一定程度上削弱了金融机构对新型农业经营主体的支持力度。

（三）政府部门层面

从政府部门层面看，当前有关新型农业经营主体的国家层面惠农政策逐渐增多，但是对于地方发展的内容而言，存在政策针对性不足的问题。虽然浙江省政府出台了各类支农惠农政策，但相关政策支持力度明显不足，政府补贴在新型农业经营主体资金来源中所占比例较小，一些支农政策存在脱节现象，并且政策改革缺乏配套性和衔接性，达不到政策制定的目标。近年来，浙江省出台了诸如《关于印发省财政农业产业化贴息资金管理办法的通知》和《关于印发省财政农民专业合作社专项资金管理办法的通知》等多项支农惠农政策，但是在具体执行过程中，存在着操作难的问题，惠农政策常常难以落实到位，例如政策中的扶持对象为市级以上农业产业化龙头企业和入股成员超过 100 人的农业专业合作社，虽然在一定程度上有效控制了风险，但是还有相当一部分龙头企业与合作社特别是一些规模较小的龙头企业和农民专业合作社难以得到资金扶持，致使扶持政策难以覆盖所有新型农业经营主体。目前，根据调研情况来看，浙江省农村产权制度改革进程仍较缓慢，严重阻碍了新型农业经营主体融资。以浙江省"三权"抵押贷款为例，虽然改革取得了一定成效，但由于确权颁证、流转评估平台和价值评估体系等配套建设滞后，业务发展缓慢。此外，浙江省部分地区对新型农业经营主体进行了信用评价，但是缺乏强有力的政府政策支撑，跨部门协调难度大，信用体系覆盖面较低。由于信用信息共享渠道不畅，信用评估结果不能在金融机构之间共享，导致受信贷约束的各类新型农业经营主体的信用价值难以发挥效用。

---

* 亩为非法定计量单位，1 亩＝1/15 公顷。——编者注

在实践中，由于信息不对称、信用评级不规范、信息共享机制尚未建立，造成金融机构获取信息的质量和数量严重不足，难以多方位掌握新型农业经营主体的产销、成本、市场、盈利及风险等信息，无法对新型农业经营主体贷款进行科学评估，导致金融机构支持新型农业经营主体缺少信贷信息支撑。

第五节　国内外经验借鉴

目前，国内外各个地区在新型农业经营主体融资方面的探索取得了丰硕成果，通过借鉴国内外新型农业经营主体发展历史悠久的地区融资的成功经验，对缓解浙江省甚至是整个中国新型农业经营主体融资困境具有重要意义。本书选取了国内的辽宁省、山东省、四川省，还选取了美国、日本、印度、墨西哥四个国家，进一步探讨优化新型农业经营主体金融支持模式的发展路径。

（一）国内经验借鉴

1. 辽宁省

辽宁省以龙头企业为核心，探索全产业链金融扶贫模式，为以龙头企业为核心的相关产业链、供应链上的农民专业合作社、家庭农场、专业大户、创业妇女等客户提供综合金融服务，依托政府增信机制激活龙头企业，搭建致富平台，实现商业化运作与履行帮扶相对贫困地区社会责任的有效结合。辽宁省辽阳市以创新征信体系为突破口，针对农业生产领域信息严重不对称的实际，积极支持农民专业合作社等新型农业经营主体加快发展。辽宁省建立了比较完善的新型农业经营主体征信体系，加强对新型农业经营主体的资信评估、档案建立工作，通过对借款主体进行信用等级评定，并根据信用等级评定结果确定相应等级的信用贷款额度，切实解决了新型农业经营主体缺乏抵押物难题，提升了广大农村整体信用水平。

2. 山东省

山东省创新金融服务模式，累计创新推出"政府＋银行＋保险＋新型农业经营主体""订单＋信贷＋保险"、农业 PPP 服务模式等 47 种金融服务模式，持续加大对新型农业经营主体信贷支持力度，促进现代农业发展。各地推出银保合作支农创新产品，其中东营市创新推出了"政府＋银行＋保险＋

新型农业经营主体"的贷款模式；德州、济宁、滨州推动开办了种养大户、家庭农场小额贷款保证保险业务。同时，山东省也根据国家相关政策，重点推广农村土地承包经营权抵押贷款等 11 类农村金融创新产品。针对新型农业经营主体资金需求量大、无有效抵押物的情况，山东省涉农金融机构与农业担保公司合作，结合实际创新推出"信保农村产权贷"，由省农业担保公司对贷款提供担保，借款人以农村产权向省农业担保公司设定反担保抵押，金融机构向新型农业经营主体发放贷款。同时，在中国人民银行济南分行的积极推动下，山东省金融支持新型农业经营主体力度逐步加大，推行新型农业经营主体"主办行"制度。在"主办行"制度框架下，各金融机构建立新型农业经营主体数据库，对新型农业经营主体生产经营情况、负责人、主办金融机构、主办信贷员等基础信息进行收集整理，登记造册，建立数据库，并定期开展专项监测分析。涉农金融机构全力做好新型农业经营主体金融服务工作，根据自身的特点和需求制定新型农业经营主体"主办行"制度的具体实施办法，切实提高了省内新型农业经营主体的竞争能力。

3. 四川省

四川省成都市搭建"农贷通"融资平台，使新型农业经营主体足不出户就可以办理融资相关业务，成功疏通了金融支农的最后一公里难题。首先，金融机构在"农贷通"平台上发布和推广本机构的涉农金融产品；其次，"农贷通"平台利用村两委为新型农业经营主体进行信用背书，在线下以村为单位搭建金融综合服务站点，引导符合条件的新型农业经营主体在该平台上进行贷款申请以及填报经营主体自身信息、农业生产项目等相关信息；最后，成都市政府部门在"农贷通"平台上完成发布涉农政策，收集新型农业经营主体的相关数据，对新型农业经营主体的贷款申请进行线上审批等环节。"农贷通"平台还提供产权交易、评估、仲裁、担保等配套金融服务，更好地促进政、银、企对接，形成"一站式"农村金融服务体系。

（二）国外经验借鉴

1. 美国

美国作为世界上农业最发达的国家，一直比较重视对农业的支持，其新型农业经营主体融资的经验也处于世界领先的地位。从融资主体来看，美国的农场主无疑是关键的新型农业经营主体。美国有着完善的农村金融服务体系，新型农业经营主体可以得到政府农业信贷机构、农场主合作金融的农业信贷系统、商业金融机构以及私人信贷机构等信贷支持。政府农业信贷机构类似于我国的政策性银行，比如中国农业发展银行，是直属政府领导的政策性金融机构，专门为农业和农村经济发展提供贷款服务。这种政府农业信贷机构为农户提供长期贷款，收取很低的贷款利息。美国还有小企业管理局为无法获得民间借贷或金融机构贷款的新型农业经营主体提供融资和担保服务。同时，美国已经构建起相对完善的信用体系，有全面的信用信息记录和信用评价体系，进一步改善了社会信用环境，也为金融机构贷款决策提供主要依据。美国政府通过颁布《农业调整法》《农业信贷法》《中间信贷法》《农场抵押法》《农业法》等法律法规来支持农村金融的运作，为新型农业经营主体融资提供了有力的法律保障。此外，对新型农业经营主体实施政府财政补贴和税收优惠政策，包括农业拨款、农产品补贴、建立农村合作社发展中心等，为农户减免税收，支持新型农业经营主体发展。

2. 日本

日本的农业金融支持分为政策金融支持和合作金融支持两种方式，在农业发展的过程中，还有一些其他的金融机构能够为农业提供金融支持。在日本，支持农业发展的政策性金融机构是农林渔业金融公库，简称农林公库，专门为破解农业发展融资难问题而成立。此外，日本设立了农协系统，根据日本的行政机构，分为"基层农协—县联社—中央联社"三个等级，以农户为服务对象开展服务工作，提供生产资料、销售、信贷、农业保险、教育培训、医疗卫生保健等全方位的服务和保障。日本是世界上少数几个农业灾害最为严重的国家之一，也是亚洲国家中较早开展农业保险的国家之一。日本拥有完善的农业保险体系，日本的农业保险已成为日本农村金融体系中的一个重要部分。除此之外，日本先后制定了《农业协同组织法》《农协铸成法》《农协财务处理基准令》等来支持农业发展。同时，还在财政上对农协给予支持，包括税收优惠、补贴、信贷支持等。

3. 印度

印度的新型农业经营主体融资经验同样值得我们研究与探索。印度拥有较为健全的农村金融服务体系，包括印度储备银行、国家农业和农村开发银行、印度的商业银行、地区农村银行、农业信贷协会、土地开发银行、存款保险和信贷保险公司等，有效破除了农村融资难题。其中，印度国家农业和农村开发银行的主要任务是向印度各级农村金融机构提供贷款服务，并根据印度储备银行的相关业务授权，享有对各级农村金融机构全面监管的权力，成为真正意义上的印度农村银行机构的中央银行。商业银行是印度农村金融的主渠道，其营业机构设立在农村金融服务比较薄弱的地区，每个地区规定必须有一家商业银行作为主办银行。印度农村有发达的合作金融机构，由初级农业信贷协会、地区性中心合作银行、各邦合作银行三个机构组成，这些合作银行以发放短时期农业生产贷款为主，是印度国家农业和农村开发银行的重要贷款对象。而土地开发银行主要发放中长期农业政策性贷款。除了直接为农村提供金融服务的金融机构外，印度还建立了相对完善的间接支持体系，特别是建立了存款保险和贷款担保公司，为金融机构向农民发放贷款时提供保险保障。同时，印度对农村金融机构实施利率补贴，并且规定了商业银行农村信贷的差别利率。

4. 墨西哥

在墨西哥，农业发展资金来源是多种多样的，不同的农户由不同的金融机构提供资金，例如较大规模农场的资金由商业银行负责，中等农场或者比较大的农户的资金主要靠国家农业银行扶持，那些生产落后、不能获得正规金融机构贷款的贫困地区和贫困家庭主要由政府专门基金会负责。在墨西哥的农业发展过程中，最重要的支持举措是发展农业保险。墨西哥有多家公司开展农业保险业务，农业保险公司是国有农业保险公司，农业保险是自愿与强制相结合，使得所有农业生产基本上都能够得到农业保险的支持。

第六节 金融支持新型农业经营主体发展的对策建议

为从根本上解决新型农业经营主体"贷款难"和"融资贵"难题，需要进一步完善金融扶持政策。综合关于金融支持新型农业经营主体发展的相关理论、浙江省金融支持新型农业经营主体发展的主要实践与存在的问题，结合国内外的成功经验和浙江省实际情况，现从新型农业经营主体、金融机构和政府部门三个层面提出相应的对策建议。

（一）提升新型农业经营主体自身实力

新型农业经营主体层面的对策建议如图2-2所示。

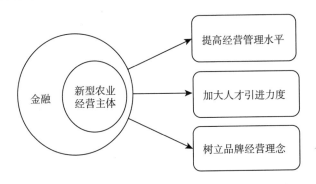

图2-2　新型农业经营主体层面

一是提高经营管理水平。农业主管部门必须转变观念，建立新型农业经营主体准入和退出机制，不仅仅是注重"量"的增长，更要注重"质"的提升，夯实融资基础。引导新型农业经营主体重视自身管理方面的不足，加强内部管理，改善管理方式，提高自身经营管理透明度，在规章制度、财务制度、注册登记、成员管理、民主决策、生产经营、盈余分配等方面加快自身规范化经营步伐，提升自身信贷承载能力和综合实力，从而增强新型农业经营主体获得贷款的能力。在此基础上，加强对新型农业经营主体的宣传力度，树立先进典型模范，对其进行大力宣传和报道，提升新型农业经营主体的知名度和影响力，提高新型农业经营主体发展软实力，增强金融机构对新型农业经营主体的放贷信心。

二是加大人才引进力度。创新人才制度和政策，积极鼓励高校毕业生或知识青年回乡创业，在社会保障、薪资报酬、创业项目扶持等方面给予优惠政策及待遇，鼓励新型农业经营主体引进专业技术人才，为新型农业经营主体的融资提供坚实的人才保障。完善农民职称评审制度，制定以个人学历、能力、业绩、贡献为主要依据的新型农业经营主体带头人评价标准、评审程序和实施办法。统筹利用好农业专业院校、农业科研机构与专业培训机构等各类培训资源，发展农业产业服务团队和农业技能大师工作室。加大培育新型农业经营主体人才队伍的扶持力度，加快构建高素质农民培训体系，加强政府、银行、专业协会、金融机构之间的合作，探索建立新型农业经营主体培训教育机制，开展农业实用技术和农民职业技能培训，力争培育一批懂技术、善经营、留得住、用得上的新型领军型人才，为新型农业经营主体发展提供有力的人才支撑，为新型农业经营主体的融资提供坚实有力的人才支持。以此提高新型农业经营主体的职业化水平，提升新型农业经营主体风险识别和防范市场风险的能力，稳步实现新型农业经营主体专业化、规模化、集约化、规范化经营，最终获得金融机构的认可和支持。

三是树立品牌经营理念。积极打造专属农产品品牌，提升区域品牌的知名度，突出品牌带动效应，支持新型农业经营主体做大做强，促进自身良好发展，进一步提高新型农业经营主体贷款的可获得性和便利性。

（二）提高金融机构服务能力

金融机构层面的对策建议如图 2-3 所示。

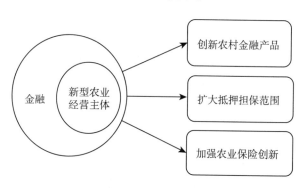

图 2-3　金融机构层面

一是创新农村金融产品。结合农村经济发展实际情况，对新型农业经营主体进行深入研究，加强对新型农业经营主体提供金融服务的针对性。运用"涉农大数据＋金融科技"，引导金融机构针对新型农业经营主体的融资需求和特点，创新发展面向新型农业经营主体的农村金融产品和服务方式，量身定做金融产品，以满足新型农业经营主体在发展过程中产生的多元化金融需求。此外，根据新型农业经营主体生产过程中的融资需求、时效性及生产特点，适当调整贷款期限，提高贷款额度，调整还款方式，优化贷款流程，增强放款效率，或建立专门服务的绿色通道，有效减少新型农业经营主体的融资阻碍，让新型农业经营主体获取资金更便捷、更高效，从而实现金融机构对新型农业经营主体融资的支持。

二是扩大抵押担保范围。除继续推广农村产权抵押融资、农户小额普惠贷外，还要创新大型农机具、农业生产设施等质押贷款业务，拓宽新型农业经营主体可用于抵押担保的财产范围，缓解新型农业经营主体缺少抵押担保物的困境。这有助于解决农村金融中抵押担保物不足的问题，可以更好地满足新型农业经营主体在不同阶段的金融需求。大力发展农业产业链金融，对产业化程度高、扩链增效明显、资信良好且符合相应条件的新型农业经营主体，将信贷链条延伸到新型农业经营主体产业链上下游涉农企业，加快研发符合农业产业链发展的金融产品，基于交易中的存货、仓单、订单和应收账款等资产，为新型农业经营主体提供融资支持，有效拓展新型农业经营主体融资渠道，从而破解新型农业经营主体面临的融资难问题。

三是加强农业保险创新。政府应构建以政策性农业保险为主，以商业性农业保险为辅的农业保险体系，成立政策性农业保险公司，鼓励商业保险公司积极介入"三农"，探索建立满足新型农业经营主体生产需求的、针对性强的保险产品。创新农业保险险种、优化参保服务、加大理赔力度，提升农业保险的广度和深度，逐步扩大农业保险覆盖面，使农业保险覆盖农业生产、加工、销售的各个环节，积极引导新型农业经营主体投保，增强农业抵御风险的能力，降低金融支持新型农业经营主体的风险，从而提高金融机构对新型农业经营主体的信任度。发展地方特色性保险产品，持续推进气象指数保险、价格指数保险、产值产量保险等创新险种。在浙江全省扩大"农业保险＋"试点，鼓励农业保险与信贷、担保、期货（权）等金融工具联动，稳步推动"保险＋期货"试点，探索"订单农业＋保险＋期货（权）"试点。鼓励保险机构积极探索"保险＋科技"发展模式，将5G技术、卫星遥感、无人机、人工智能、农业大数据、区块链、物联网、生物AI智能识别等数字技术与农业保险各操作环节深度结合。构建农业保险的再分散机制，设立农业巨灾风险补偿基金，建成多层次、广覆盖、可持续的系统性农业风险分散体系，为金融支持新型农业经营主体发展保驾护航。

（三）加大政府政策支持力度

政府政策层面的对策如图2-4所示。

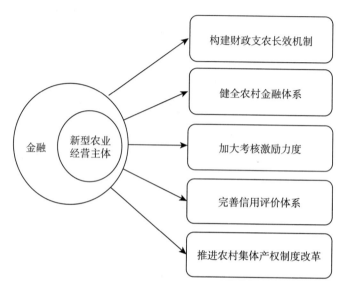

图2-4　政府政策层面

一是构建财政支农长效机制。政府有关部门必须结合当地的实际情况，加大对新型农业经营主体的支持力度，政府有关部门应结合当地基层的实际情况，加快出台相关扶持政策，尽快完善相关法律法规，增强支持性政策的可行性，为新型农业经营主体的健康发展提供政策支持和法律法规保障。综合运用政策、金融、税收、财政等多种政策措施，强化各项要素资源向新型农业经营主体倾斜力度，促进新型农业经营主体提升规模经营水平。健全新型农业经营主体贷款损失风险共担机制，设立风险补偿资金池，进一步分担新型农业经营主体贷款损失，降低新型农业经营主体融资门槛。完善新型农业经营主体风险分担机制，发展政府性融资担保机构，重点扶持信誉较好、经营规范、带动力强的新型农业经营主体。增设财政专项资金，以贴息贷款、免息融资、奖励补助等方式加大对新型农业经营主体的扶持，不断降低新型农业经营主体的融资难度和融资成本。

二是健全农村金融体系。保持农村合作金融机构、农业银行、农业发展银行和邮政储蓄银行服务"三农"的主体地位，提升涉农金融机构主动支持新型农业经营主体发展的积极性，加强金融机构对新型农业经营主体的投入力度，进一步提升农村金融服务供给能力。大力支持村镇银行、小额贷款公司、农村资金互助社等新型农村金融机构的发展，在全省逐步实现县（市、区）全覆盖，让更多的新型农业经营主体能够享受到高质量的金融服务。增加各金融机构在农村基层的网点，在农村偏远地区增设 ATM 机、POS 机与电话支付终端等，全方位、多角度为各类新型农业经营主体提供便捷的支付结算服务，不断提升农村金融服务覆盖面，提高新型农业经营主体获取金融服务的可得性和便利性。

三是加大考核激励力度。要对县、市、区政府及金融机构落实金融支农的情况实施年度考核，对新型农业经营主体金融服务成效明显的金融机构给予奖励，将金融服务新型农业经营主体发展情况列入"三农"重要考核内容。稳妥扩大农村普惠金融改革试点，建设乡村振兴金融创新示范区。

四是完善信用评价体系。探索运用农业农村大数据解决贷款"两难一贵"和缺信用等制约新型农业经营主体发展的瓶颈，通过"涉农部门搭建服务平台，新型农业经营主体主动申报"的方式，搭建起覆盖全省新型农业经营主体的信息数据库，逐步提升信用信息服务水平，实现金融机构与各新型农业经营主体之间的信息共享，为新型农业主体的融资营造良好的外部氛围和条件。加大新型农业经营主体信用数据采集建档工作力度，建立健全符合新型农业经营主体特点的信用评价体系，制定科学的新型农业经营主体信用评价方法，构建公认的新型农业经营主体信用评价机制。同时，还要加大信用的正向激励和逆向惩戒力度，对信用记录好、信用等级高的新型农业主体优先给予授信支持，反之则进行严惩，甚至取消其已获得的信用等级，信用评价的结果直接和信贷资格挂钩。以此充分发挥信用信息服务新型农业经营主体融资的作用，增强各类新型农业经营主体的信用能力和信用意识，加快构建良好的信用环境和金融生态。

五是推进农村集体产权制度改革。加快推动农村产权确权登记、价值评估、交易流转和处置变现等配套机制和平台建设，拓宽新型农业经营主体抵（质）押融资范围。加快农村产权交易市场建设，加强农村产权交易网络体系建设，为流转供求双方提供交易咨询、资产托管、价值评估、纠纷调处等各类中介服务。加快修改相关法律法规，特别是要加快《土地管理法》《物权法》《农村土地承包法》《担保法》的修订，缓解涉农抵押贷款的矛盾，为涉农产权的抵押担保提供可落实、可操作的法律保障。

温州篇

第三章

温州市农村金融服务现状及其发展研究

─● 本章导读 ────────────────

　　本书对温州市农村金融服务体系的现状进行研究，把温州市农村金融服务体系划分为正规农村金融和非正规农村金融，通过发放问卷和实地调研相结合的方式，从农村金融服务需求和供给的角度分析温州农村金融服务，并借鉴国内和国外先进经验，提出改善温州市农村金融服务体系的政策性建议。

第一节　引　　言

　　温州地处浙东沿海，是全国首批 14 个沿海开放城市之一，是全国首个金融改革综合试验区。2012 年 7 月，温州在金融综合改革大背景下，正式全面启动农村金融体制改革。温州市委、市政府在增加信贷支农资金供给、降低金融服务成本、推动农村金融服务创新、完善农村金融服务体系的工作中取得了一定成就。但是受到体制、政策等多种因素的制约，改革推进过程中还存在许多困难和障碍，如法律制度不健全、农村金融市场培育不充分、农村金融监管不到位等。因此，本研究通过发放问卷和实地调研相结合的方式，研究温州市农村金融服务体系中存在的问题，并借鉴国内和国外先进的经验和做法，探求优化区域农村金融服务的具体路径，提出改进温州市农村金融服务体系的政策性建议，对于推动温州市农村经济的进一步发展有着重要的现实意义。

第二节 国内外文献综述

国内外对于农村金融服务的理论研究有着悠久的历史，自 20 世纪 70 年代以来，国内外学者们在农村金融服务理论的研究上取得了一系列的学术成果。就研究主题而言，国外注重农村金融模式、农村金融产品以及信贷市场结构的研究，国内则关注农村金融体系、农村金融抑制现象以及农村金融市场信息不对称等问题。就研究视域而言，国外将视野拓展到包括中国在内的发展中国家，国内则不但坚持借鉴国外农村金融服务的主流方法和经验，还更加聚焦于基于实践驱动的研究。各学者分别从不同的角度对农村金融服务展开探讨和研究。

（一）关于农村金融体系存在的问题研究

我国在农村金融体系的构建方面还缺乏经验，农村金融体系在发展中存在很多问题。林丽娟（2017）认为虽然出于对农业发展的重视，我国政府为农村金融的发展提供了一系列的政策支持，然而在具体的工作落实层面却存在很大的问题，政府对于农村金融服务体系的扶持力度明显不足。宋根节（2008）认为目前我国农村金融体系的整体功能较为薄弱，农村金融机构职能定位和分工不明确，金融服务方式也相对落后，农业保险发展滞后，非正规金融发展不足，对农村经济发展的支持有限。吴霞红（2010）认为近几年来我国农村金融服务水平有了很大的提高，但农村金融机构的弱势化发展在很大程度上制约了农村金融服务的效能，具体来说表现在以下四个方面：农村金融机构营业网点覆盖面收缩；涉农金融机构农业信贷投入力度相对减弱；涉农金融产品单一，金融服务水平难以适应新农村建设和发展需要；农村金融资源外流严重。

（二）关于消除农村金融抑制现象的措施研究

美国斯坦福大学的两位经济学教授肖和麦金农在《经济发展中的货币与资本》和《经济发展中的金融深化》两本书中提出了著名的"金融抑制"理论。国内的学者沿着相同的思路对中国农村金融抑制进行了分析，认为我国农村地区普遍存在着金融抑制现象。金融抑制形成的原因是我国农村信息交流相对不畅，农户对农村金融服务缺乏认知，只是被动地接受金融机构所提供的金融服务。王国华等（2006）把我国农村金融抑制归纳为三种表现形式：一是供给型金融抑制，供给总量不足；二是需求型金融抑制，对正规金融机构的有效需求不足；三是供需结构型金融抑制，农村金融机构对农村提供的金融产品种类较少。

（三）关于农村金融市场信息不对称的研究

就我国现状来看，由于信息不对称，农村金融市场上存在着严重的信贷配给问题。在金融市场上，金融机构对前来申请贷款的贷款者的盈利前景缺乏充分的认识，拒绝向一部分愿意并能够支付所要求的贷款利率但无法满足政策规定的信贷标准的贷款者提供金融服务。基于这一视角，许多学者认为传统的正规金融机构已经无法充分地满足普通农户的正常金融需要。为解决广大农村地区金融结构单一、金融供给不足等问题，以张杰（2003）代表的学者认为，农村民间金融在农村金融服务体系中的作用不可忽视，农村民间金融可以作为正规金融的有效补充。

第三节 温州市农村金融服务体系的现状

长期以来，农村金融服务体系是我国整个金融体系中最为薄弱的环节，因为相对于城市金融体系而言，农村金融服务体系的市场化、多元化、社会化、规范化程度都比较低。温州市农村金融服务体系基本上形成了以农村合作金融为核心，商业性金融与政策性金融分工协作的、正规金融和非正规金融服务体系并存的格局。其中，正规金融机构包括农村商业银行、中国农业银行及其他银行，非正规金融组织包括民间借贷、担保公司、小额贷款公司等，如图 3-1 所示。

（一）温州市农村正规金融服务现状

温州市农村金融机构在鹿城、龙湾、瓯海 3 区和乐清、瑞安 2 市及永嘉、苍南、平阳、文成、泰顺、洞头 6 个县完成全面覆盖，共有营业网点近

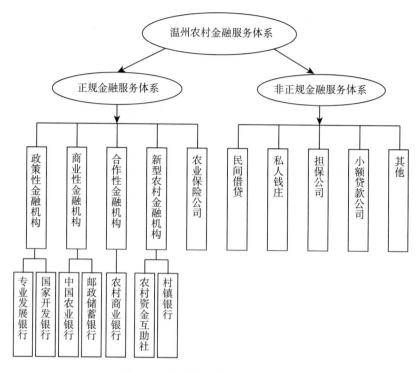

图 3-1 温州市农村金融服务体系

500 个，是全市网点规模最大、服务覆盖面最广、客户数量最多的金融机构，网点绝大多数都位于偏远的山区，占比达到 73%。温州农村金融机构业务发展势态好，温州市银监分局的统计数据显示，截至 2013 年 6 月末，温州市农村金融机构存款额增幅、贷款额增幅、不良贷款率业务指标均优于全市平均水平（表 3-1）。

表 3-1 温州市农村金融机构各项业务指标与全市平均水平比较

项目	存款		贷款		经营效益		不良贷款	
区域	存款额（亿元）	比年初增幅（%）	贷款额（亿元）	比年初增幅（%）	净利润（亿元）	同比增幅（%）	不良贷款额（亿元）	不良贷款率（%）
全市	8 281.64	6.92	7 173.04	1.78	76.97	59.69	264.3	3.68
农村	1 453.64	14.17	1 000.72	10.68	24.34	7.82	12.26	1.22

资料来源：温州银监局。

根据表 3-1 中数据可知，温州农村正规金融服务现状是：存款增长快，贷款投放多，经营效益优，不良贷款率低。全市存款额 8 281.64 亿元，比年初增长 6.92%；农村金融机构各项存款 1 453.64 亿元，比年初增长 14.17%，

其中 2013 年新增存款 180.48 亿元，高于同业 7.25 个百分点。全市贷款额 7 173.04 亿元，比年初增长 1.78%；农村金融机构各项贷款 1 000.72 亿元，比年初增长 10.68%，其中 2013 年新增贷款 96.57 亿元，高于同业 8.9 个百分点。温州农村金融机构累计实现净利润 24.34 亿元，同比增加 1.76 亿元，增幅达 7.82%。全市不良贷款额 264.3 亿元，不良贷款率为 3.68%；农村金融机构不良贷款额 12.26 亿元，不良贷款率为 1.22%，温州农村金融机构不良贷款保持低位。

（二）温州市农村非正规金融服务现状

温州非正规金融经历了合会、钱背、地下钱庄、典当行、担保公司、小额贷款公司、民间资本管理公司等由简单组织到复杂组织的历史演变过程。温州的民间借贷市场发展迅速，市场份额与活跃程度不断扩大，融资规模明显增大。温州市人民政府金融办数据显示，截至 2011 年温州市民间融资机构总数量达到 1 818 家，注册资本达到 336.03 亿元。2011 年爆发的民间金融危机，使温州长期精心培育的民间金融和信用体系遭到了极大破坏。

第四节 温州市农村金融服务体系的供需分析

本书的研究目的是阐述温州农村金融服务现状，破解和澄清当前农村金融服务发展困境，因此本书以问卷调研为主，再辅以访谈调研。调研主要范围为鹿城、瓯海、瑞安等农村地区，共收集到有效问卷 220 份。调查发现，温州市农村金融面临的是深层次的结构性失衡问题，简而言之，温州现行农村金融服务体系中金融需求和供给不相适应。

下面我们从供求角度对温州农村金融服务体系进行研究，先分析温州农村金融服务的需求，再分析温州农村金融服务的供给。

（一）温州市农村金融服务的需求分析

以中国农业银行、农村合作银行及中国农业发展银行为主体的正规金

融市场缺乏竞争机制，贷款审批程度复杂、需要担保，并且信贷资金供给相对较小，条款不灵活，难以满足温州现行农村信贷需求。图 3-2 显示了被调查农户的融资渠道，其中 43.6% 的农户选择民间借贷融资方式，与正规金融市场融资（商业银行和农村合作银行）比重相当。由此可见，非正规金融途径成了温州农村农户融资的主要来源，但非正规金融隐藏着极大的风险。

在温州，众多民间投资担保公司异化为地下钱庄，从事着高息吸储再向民间放贷的业务，而这些业务也因高收益率受到了民间资本的欢迎。但是，公众也应该看到投资担保公司存在的风险。经历过一场罕见的民间金融风暴的温州老百姓，对担保公司的信任度急剧下降，调查数据中 89.4% 的农户不愿意把闲置资金存入民间金融组织如小额贷款公司或投资担保公司（图 3-3）。

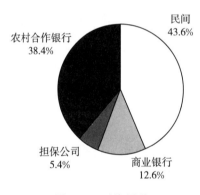

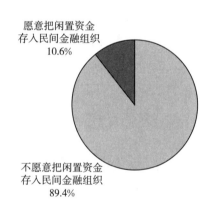

图 3-2　融资渠道　　　　　　　　图 3-3　信任度调查

（二）温州市农村金融服务的供给分析

笔者运用 SWOT 分析法来分析温州农村金融服务供给的优势与劣势、机会与威胁，如图 3-4 所示。

1. 优势

农村金融是服务农村经济发展的重要力量，农村金融改革问题受到党中央、国务院的高度关注。2004 年以来，8 个中央 1 号文件都强调加快推进农村金融体制改革，改善农村金融服务，在 2010 年的中央 1 号文件中更加明确地提出了要提高农村金融服务质量与水平。近几年，温州市政府对农村金

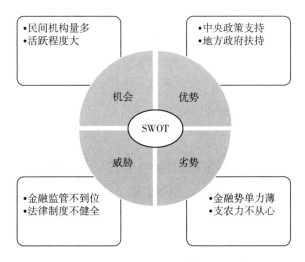

图 3-4　温州农村金融服务供 SWOT 分析

融改革和发展极为重视，于 2012 年出台了《关于推进农村金融体制改革的实施意见》。在金融综合改革背景下，温州被确认为全国第 7 个农村金融改革试验区，同时温州农村金融改革经验也被评为浙江省新农村建设考核体制机制创新项目。

2. 劣势

农村正规金融组织体系是一个整体，只有农村合作金融、商业性金融和政策性金融并存，才能满足农村经济的多样化金融需求。但是，商业性金融机构逐利性较强，逐渐退出农村金融市场；政策性金融机构的金融服务供给比较单一，服务覆盖面小；中国邮政储蓄银行存多贷少。目前在农村设立营业场所的金融机构主要是合作性金融机构，合作性金融组织势单力薄，支农力不从心。另外，正规金融交易费用高，贷款程序复杂，信贷供给资金额度小，不能满足农户信贷需求。

3. 机会

民间融资机构在以民营经济为主体的温州模式主导下大量滋生，各类民间融资机构遍布温州各县（市、区）。温州市人民政府金融办的数据显示，截至 2011 年底，温州市民间融资机构总数量达到 1 818 家，注册资本达到 336.03 亿元。温州市民间融资机构市场份额与活跃程度不断扩大，融资规模明显增大。

4. 威胁

现在农村金融机构受中国人民银行、地方政府金融办监督。部门间由于职责分工交叉错位、责任不明、监管成本过高，容易存在监督模糊、监管不到位、监管过度等问题。农村非正规金融组织机构游离于法律之外，针对农村非正规金融组织机构，缺乏必要的法律约束。

第五节　温州市农村金融服务体系建设的对策及建议

当前温州农村金融发展相对式微，多层次、多样化、适度竞争的农村金融服务体系远未形成。因此，建立分层次、监管有效、优势互补、适度竞争、可持续发展的普惠性的完整农村金融体系，形成强大的农村金融服务网络十分必要。

（一）增强正规金融服务体系

积极引导商业性金融机构在农村增设营业场所，开拓农村金融市场业务，完善支农金融服务体系。通过降低营业税和所得税税率或降低农村金融机构上缴的存款准备金比例等优惠政策，增强农村金融支农实力。加大政策性金融对农村经济的支持力度，可考虑借鉴国外的成功经验，设立专门政策性银行，延伸中国农业发展银行业务范围，更好地发挥与商业性金融互为补充的效应。

大力发展合作性金融，加大农村信用社改制，强化合作性金融在金融服务体系中的地位和作用。争取明晰辖区内农村信用社的产权关系，并处理好农村合作银行与新成立的中国邮政储蓄银行在农村信贷服务薄弱地区的机构之间的竞争与合作关系。大力培育村镇银行，有序发展农村资金互助社，引导民间资本投资设立适应新农村建设需要的各类新型农村金融组织。

加强农村多层次保险体系建设，充分发挥保险机制在增强农村金融服务中的作用。鼓励保险资金投资新农村建设，分散和转移农业风险，稳定农产品价格，保护农民利益。加快发展农业保险业务，政策性保险机构和商业性保险机构并存，但可先设立政策性保险机构，再出台相关优惠政策引导商业性保险机构入驻农村。

（二）完善非正规金融服务体系

健全农村金融法律体系，运用法律手段规定金融支持农村建设发展的具体措施。对非正规金融组织的市场准入、业务经营和退出机制做出具体的法律制度安排，将农村非正规金融组织正式纳入法制的轨道，充分发挥非正规金融在农村经济发展和农民脱贫中的作用。目前温州的非正规金融还处于一种杂乱无序的状态，蕴含着巨大的金融风险，温州市委、市政府应当出台适当的政策，规范和引导部分农村非正规金融向正规金融转化。

构建和谐行政的服务型政府，建立并完善非正规金融监管体系。游离于正规农村金融之外的非正规农村金融，是正规金融的有效补充，政府应当在非正规民间金融的规范化发展中发挥其内部管理的约束作用。在现有监管基础上，适当发展非正规金融行业自律组织，补充政府监管，提高政府监管效能。

最后，本书在对温州农村金融服务体系现状进行研究的基础上，把温州农村金融体系划分为正规农村金融和非正规农村金融，然后通过实地调查，从农村金融服务需求和供给的角度分析温州农村金融服务，得出如下结论：温州市委、市政府要加大支农惠农政策扶持力度，可以参考美国和印度等国对金融支持农村建设的扶持政策，对温州市金融机构拓展农村金融业务给予相应的财政扶持和税费优惠。尤为重要的是健全相关法律法规，完善农村金融信用体系，规范民间借贷行为。

第四章

金融服务"最多跑一次"助力
乡村振兴路径研究
——基于浙江温州助农服务点的调查

● **本章导读**

　　"三农"问题历来是党和国家工作的重心，助农服务点的设立消除了农村金融服务盲点，满足了广大农民足不出村享受金融服务的需要，是金融支持乡村振兴的重要内容，服务"三农"成效显著。温州优化金融服务渠道，打造金融服务"最多跑一次、跑也不出村"的金融助农服务品牌，打通金融支持乡村振兴"最后一公里"。本书在充分调研的基础上，立足于温州市助农服务点的现状，深入分析助农服务点存在的问题，以完善金融服务"最多跑一次、跑也不出村"的助农服务品牌助力乡村振兴为目的，提出相关的建议及对策。

第一节　引　言

　　"三农"问题历来是党和国家工作的重心，中央近年来高度重视"三农"问题，不断加大扶农惠农政策的力度。但是，农村金融仍然是我国整个金融体系中最薄弱的环节，对于广大农村地区，特别是那些位置偏远、交通不便的农村地区，长期以来农村金融机构网点少、金融服务严重不足、金融基础设施不完善，农村金融供给与需求矛盾较为突出。涉及"三农"领域的金融改革和创新一直是社会各界关注的热点问题，推进农村金融"最多跑一次"改革，解决业务多头受理、农民往返奔波的老大难问题，是提升金融服务

"三农"水平的重要突破口。鉴于上述情况，从 2010 年 3 月起，中国人民银行总行在全国 5 个地方的典型农村地区开展银行卡助农取款服务试点，在试点成功的基础上，2011 年中国人民银行充分发挥央行统筹协调作用，制定并发布了《中国人民银行关于推广银行卡助农取款服务的通知》（银发〔2011〕177 号），明确规定在全国范围内农村乡镇、行政村实现助农取款服务的基本覆盖。2014 年中国人民银行发布了《中国人民银行关于全面推进深化农村支付服务环境建设的指导意见》（银发〔2014〕235 号），提出进一步推广助农取款服务业务。全国各地以人民银行为主导，大力开展助农取款服务点建设，通过布设价格相对低廉的 POS 机或移动智能金融服务终端，为偏远地区农村群众提供小额取款、现金汇款、转账汇款、代理缴费、余额查询等多项基础支付服务，让广大农民"足不出村"就能享受便捷金融服务，得到了农民的普遍好评。借助国家级金融综合改革试验区和农村改革试验区的独特优势，温州优化金融服务渠道，打造金融服务"最多跑一次、跑也不出村"的金融助农服务品牌，打通金融支持乡村振兴"最后一公里"。截至 2018 年 12 月，温州市辖区 11 个县（市、区）共设立助农服务点 2 091 个，累计办理业务 433.24 万笔，主要分布在商户、村邮站和村委会，确保"就近跑"。助农服务点的设立，有效填补了农村金融服务的空白，惠民效果显著。为充分发挥助农服务点的作用，应进一步完善助农服务点，积极打造"最多跑一次、跑也不出村"的金融助农服务品牌，将其打造为乡村振兴的桥头堡。

第二节　国内外文献综述

（一）关于金融支持乡村振兴的研究进展

党的十九大报告中，首次提出实施乡村振兴战略。农村金融在农村经济发展中处于核心地位，因此，实施乡村振兴战略必然离不开金融的有效支持。国内外学者在金融支持乡村振兴研究方面取得了丰硕成果，主要集中在乡村振兴的内涵、农村金融发展与乡村振兴的关系、金融支持乡村振兴战略面临的问题及其对策这三个方面。

1. 乡村振兴的内涵

刘合光（2018）指出乡村振兴战略是我党在新时代建设现代化强国的重

大战略构想，其中产业兴旺意味着农村产业更加发达和更有活力；生态宜居意味着全面创造宜居的农村环境；乡风文明意味着充分挖掘乡村的文化价值，把优秀文化、良好风俗融入乡村建设的方方面面；治理有效意味着要注重治理的效果，要在乡村治理体系中实现民主自治、法治和德治融合；生活富裕意味着农民收入实现大幅提升。赵秀玲（2018）认为人才发展是乡村振兴的重要引擎，重点应放在树立乡村人才的整体观、探索乡村人才成长新模式和创办有利于乡村人才队伍建设的各类学校。张海鹏等（2018）认为乡村振兴战略思想的创新包括：对新发展阶段的城乡关系进行科学定位，首次将"三农"工作放到优先位置、提出农业农村现代化、提出"三治"乡村治理思想，对农业农村产业发展、农村自然环境提出更高标准和更新要求。关浩杰（2018）认为乡村振兴是针对当前新时代社会主要矛盾的变化而提出的，是农业农村发展理论和具体实践上的又一重大飞跃，它为乡村的发展带来了前所未有的发展机遇。龙晓柏等（2018）认为乡村振兴把乡村作为一个综合性的发展系统来对待，英美乡村发展经验为当前我国乡村振兴建设提供了有益启示，体现在乡村建设的系统性管理、乡村发展要素禀赋的可持续性、鼓励发展现代农村产业新业态、深度贫困和偏远乡村的振兴路径等多个方面。

2. 农村金融发展与乡村振兴的关系

Johnson（1989）认为发展金融业是刺激乡村经济振兴的重要手段，金融业发展对乡村振兴起着重要的推动作用。Patrick（1966）认为发展中国家农村经济增长与农村金融发展的关系有两种模式，分别是供给领先模式和需求追求模式，供给领先模式更适于农村经济发展初期，需求追随模式更适于农村金融发展到一定阶段，这两种农村金融发展模式顺应了农村金融发展的不同阶段。李明贤等（2014）对农村金融发展与农民收入增长之间的关系进行了实证分析，得出农村存款规模的增加、乡镇企业贷款比例的提高以及每万人农村金融机构拥有量的增加与农民收入之间存在负效应，而农村金融机构贷存比例的提高和每万人农村金融机构从业人员数量的增加与农民收入之间存在正效应。孟兆娟（2013）实证研究了农村金融发展对城乡收入差距的影响效应，研究结果表明，不同阶段农村金融发展对城乡居民收入差距影响效应并不一致，农村金融发展落后阶段发展农村金融有利于降低城乡收入差距且影响效应最大；农村金融发展中等发达阶段发展农村金融降低城乡收入差距的效应明显减弱；农村金融发展发达阶段发展农村金融对城乡收入差距的影响不显著。丁志国等（2016）定性分析了农村金融对经济发展的支持路径及其政策效果，发现农村金融的发展离不开政府的政策性支持，而农村金融从业人员的素质提升与服务创新则显得尤为重要，并且农民关于安全借贷和诚信借贷的意识培养亦十分必要。张乐等（2016）从制度约束的角度出发，定量研究农村金融发展与农村经济增长之间的关系，发现整体而言，制度约束下的农村金融发展对农村经济增长的促进效果并不显著甚至是负面的，只有减小制度约束程度或完善配套制度，促使制度约束与农村经济相适应，才能发挥农村金融发展对农村经济增长的良性作用。蔡兴等（2019）通过构建乡村振兴发展的测度指标体系来测度各省份的乡村振兴发展水平，并基于省级数据对金融发展与乡村振兴发展之间的关系进行实证研究，发现金融支持乡村振兴效果存在明显的区域差异，自东部向中部、西部地区依次减弱，随着农村居民人均可支配收入的提高，该效果将不断增强。

3. 金融支持乡村振兴战略面临的问题及其对策

Basu（2005）提出在发展中国家，金融支持乡村振兴发展存在的问题不在于农村金融机构网点数量不足，短期内可以通过增强金融机构的涉农服务能力和水平，长期内可以通过完善农村金融市场结构来发挥金融在支持乡村振兴战略中的作用。罗继红（2018）肯定了广西农村金融改革所取得的成效，同时针对该省农村金融供给与市场需求存在的四个方面的不适应，建议从优化金融生态，夯实供给基础；加强产品创新，促进供需对接；加强协同合作，提升供给能力；强化风险防范，确保供给安全；健全保障机制，释放供给活力等方面推进农村金融创新。吴南（2019）认为发展农村金融需要着力解决当前乡村发展中存在的农产品供给质量不高、农民增收面临困难和农村公共产品供给不足等一系列问题，而这些问题的解决需要政府部门加强监管和顶层设计，为农村金融发展助力乡村振兴提供制度保障和政策支持。吴盛光（2018）提出国外乡村振兴的过程就是其农村金融发展振兴的过程，通过借鉴国外金融支持乡村振兴的有益规律，并结合我国金融支持乡村振兴过程中存在的问题，持续培育乡村精神、重点发展产业链金融、加快发展绿色金融、大力提升文化金融、着力发展科技金融、不断深化扶贫金融是必由之路。骆昭东（2018）以陕西省为例，在分析全省金融服务乡村经济状况的基础上，提出金融支持乡村振兴战略要依托地方党政和相关职能部门，重视金融系统内部的沟通协作，充分发挥"乡村振兴"主办银行作用，因地制宜积极探索各具特色的发展途径，注重省内市、县、乡镇、村、金融机构等领域的优势互补。陈放（2018）认为在乡村振兴战略实施过程中，农村金融体制改革面临农村金融风险化解机制缺乏、农村金融供给机制不完善、金融资源配置不均衡等困境。为此，需要完善农村金融管理和服务体制、规范和发展新型农村金融服务组织、构建农村金融风险分担与补偿机制、建立规范和科学的农村金融市场资金回流机制、创新农业保险制度、以产权制度改革促进农村金融改革以及促使农村金融体制适应供给侧改革等。

（二）关于"最多跑一次"的研究进展

党的十九大报告中明确提出，要转变政府职能，深化简政放权，创新监管方式，增强政府公信力和执行力，建设人民满意的服务型政府。浙江省深入贯彻党和国家的指示，立足于自身的发展实际，以政府自身改革为主攻点、以激活社会创造力为驱动点、以信息技术的乘数效应为支撑点、以民众的获得感和满意度为目标和宗旨，提出了"最多跑一次"改革。在全面深化改革的大背景下，"最多跑一次"改革是浙江拉动全面深化改革的"牛鼻子"，是继续深化"八八战略"、创新体制机制的生动实践，具有深厚的发展意蕴。"最多跑一次"改革成为各界学者积极探讨的热点问题，对其的研究主要体现在对"最多跑一次"改革经验总结的研究、对"最多跑一次"改革理论解释的研究和对"最多跑一次"改革政策建议的研究这三个方面。

1. "最多跑一次"改革经验总结

关于"最多跑一次"改革经验总结的研究，我国大多数学者从改革的实施策略和实施成效两个方面加以归纳。马宝成（2018）对浙江省"最多跑一次"改革取得的积极成效进行了总结。郎兴友（2017）认为"最多跑一次"表现为企业、群众到政府办事的次数，但是，其实质是政府权力边界的再界定和权力运行机制的再调整。夏行（2017）认为"最多跑一次"要通过倒逼政府转变职能、简政放权、优化服务，最终撬动经济社会各领域的改革和政府自身改革来实现。李一（2017）认为"最多跑一次"改革通过政府自身改革的再推进和再深化，再创体制机制新优势，增强和激发了各领域发展的动力和活力。

2. "最多跑一次"改革理论解释

关于"最多跑一次"改革理论的研究，学者们采取不同的理论范式对"最多跑一次"进行了分析探讨，随着"最多跑一次"改革的深化，理论范式也逐渐多样化，主要包括整体性政府理论、效能政府理论和服务型政府理论。

其一，整体性政府理论。陈丽君等（2018）从整体性治理视角研究"最多跑一次"改革，以整体性治理的目标理念、组织机制和工具手段三个维度为分析框架，强调以公民需求导向、协作信任机制和信息技术应用进一步深化改革。郁建兴等（2018）从整体性政府理论出发指出，"最多跑一次"改革通过创新理念、借力技术推动了整体性政府改革新模式的形成，在提高行政效率、规范行政权力和降低体制成本等方面提供了重要的经验借鉴。陈国权等（2018）通过研究发现，"最多跑一次"改革的实质是"整体性政府模式"的构建，现代信息技术的广泛应用推动了整体性政府的建设，突出表现为在线协作和数据共享的发展，一定程度上缓解了公共事务的综合性与政府职能碎片化之间的矛盾。

其二，效能政府理论。陈宏彩（2018）认为"最多跑一次"改革是新时代政府效能革命的标志，以数据共享和平台互通为基本路径，以体制机制创新和流程再造为核心内容，以信息网络技术为支撑，推动政府效能革命和政府全面改革。何显明（2018）认为浙江"最多跑一次"改革构建了最强倒逼机制，通过接受人民群众直接批判的外置压力和确立最直观的改革评判标准，将政府效能建设推向极限，在打破行政审批制度改革"精简—增设—再精简—再增设"的怪圈方面取得重要成果，为重塑政府改革逻辑、调整政府角色定位和行为模式提供了有益的启示。皇甫鑫等（2019）认为在科技高速发展的当今社会，深入挖掘数据共享的驱动作用并进行创新性开发，可以全面提升地方政府的经济效能、社会效能、政治效能、管理效能。也有研究认为效能革命和服务型政府建设相辅相成，汪锦军（2018）认为浙江"最多跑一次"改革通过省级统筹推进、规范政府权力运行、打破部门数据壁垒，提升了政府服务效能，为服务型政府建设打下了坚实基础，从效能建设再到"最多跑一次"改革，大大改善了浙江的政务环境和营商环境，为全国深化"放管服"改革和实现"最多跑一次"提供了浙江样本和浙江经验。

其三，服务型政府理论。范柏乃等（2017）认为不同于以往的管制型政府模式，"最多跑一次"改革坚持以群众、企业等社会主体的需求为导向，使其与政府的制度性交易成本转化为政府内部机构之间的沟通成本，使得制约政府职能转变的需求缺位问题在一定程度上得到破解，是打造服务型政府的突破口。翁列恩（2019）认为浙江省"最多跑一次"改革是大数据时代政务管理服务创新的地方实践，通过流程再造、数据共享、职责重构、规范权力、监管透明等政府管理体制改革，构建整体性政府服务模式，为优化营商环境和高质量发展注入活力。汪锦军（2017）认为"最多跑一次"改革作为浙江提出并践行的系统性政府改革举措，所推动的一系列政府改革，促进了浙江政务服务和营商环境的改善，为建设服务型政府奠定了坚实基础。段小平（2018）认为"最多跑一次"改革是浙江在"互联网＋"时代建设服务型政府的重要探索，借助"互联网＋政务服务"方式，构建线上线下融合发展的一体化新型政务服务体系，政府职能从"管理型"向"服务型"转变，努力优化政府治理、建设人民满意的服务型政府。

3. "最多跑一次"改革政策建议

关于"最多跑一次"改革深化路径的研究主要有两种类别的观点。

其一，破解数据共享壁垒问题。陈丽君（2018）提出在整体性治理理论视角下，可以从公民需求重塑公共行政价值、以协作信任机制构建整合型治理模式、以数据共享应用再造政务服务流程等途径入手，进一步深化"最多跑一次"改革。陈国权等（2018）提出，数据共享的推行极大地降低了数据搜集、数据处理等带来的成本，也进一步助推了政府部门内部的融合协作；此外，数据共享要以法律依据、数据信息安全和必要性为限。邓念国（2018）提出针对政务大数据共享存在的体制壁垒、管理壁垒、法律制度壁垒、技术壁垒和心理壁垒等，建议从机构完善、机制整合、法规制度、技术支撑、思想理念、考核机制等方面予以破解。

其二，加快以"以人民中心"价值导向的政府职能转变。郁建兴等（2019）提出"最多跑一次"改革为实现"以民众为中心"的公共管理提供了经验借鉴，建议以"最多跑一次"改革的实现率、民众的实际体验和满意度等作为改革成效的评价标准。李文峰（2018）基于两轮"最多跑一次"改革专项评估结果提出，若要继续推进"最多跑一次"改革，应当始终坚持以人民为中心的改革取向、加强政务服务网软硬件建设、进一步解放思想拓宽视野、加强第三方评估结果应用，才能将"最多跑一次"改革进行到底。

（三）关于金融助农服务点的研究进展

中国特色的金融助农服务点，是国家"强农惠农"行政强制干预的结果，不是以市场需求为依据发展而来的。目前，国内对助农取款服务的研究主要从助农取款服务发展、农村支付环境建设、普惠金融问题 3 个方面展开。

1. 助农取款服务发展

俞富强（2012）介绍了银行卡助农取款服务的推广背景及其内涵，并探讨了助农取款服务点建设的战略意义和社会意义。魏景茹（2017）提出随着互联网金融的迅猛发展，农民对金融服务的选择日趋多元化，而助农取款服务点具有管理成本高、机具更新慢和服务点布局不合理、助农取款服务点使用率低等弊端，制约着助农取款服务点业务的发展。王丛莲（2016）指出，助农取款服务业务更强调公益性和社会性，目前农村银行卡助农取款服务点存在服务点有效使用率偏低、管理制度不健全、服务点业务类型较少、现金业务量大、服务点存在安全隐患等问题，但是问题的关键在于银行卡助农取款服务的公益性和效益性不平衡。张金恒等（2019）指出，助农取款服务点是加强农村支付环境建设、助力乡村振兴的重要举措，但是随着农村网上银行、手机银行、二维码支付等新型支付方式的兴起，助农取款业务受到重大冲击，需要采取整合资源、提高助农取款综合效益等方式，促进助农取款业务升级。徐军（2014）运用 SWOT 分析方法，对影响银行助农取款服务站建设的相关因素进行优势、机会及其弱点和威胁分析，并对下一步深入推广银行卡助农取款服务站发展战略提出了相关政策性建议。邓飞明等（2012）结合广西梧州助农取款服务点实际成效及推广情况，就助农取款服务业务在实现政府、农户、金融机构等参与各方之间如何实现"多赢"进行了深入的探讨。王旭（2017）结合陇南市银行卡助农取款服务点的实际推广情况，从政府、中国人民银行、涉农银行机构、服务点代理人四个层面出发，探究构建有机统一、相互协调、共同促进的"四位一体"助农取款服务发展模式，以期进一步推动助农取款服务工程。李中坚等（2016）基于对武威市的调研，总结了服务点设立的乡村卫生所代理、特约商户代理、邮政营业所代理三种模式，分析了制约该业务发展的主要症结，提出了可行的对策建议。

2. 农村支付环境建设

马春霞等（2012）指出，银行卡助农取款服务是中国人民银行为改善农村支付环境在全国范围内开展的一项便民、惠民工程，它打通了政府惠农补贴资金发放"最后一公里"问题，有力地改善了农村地区支付环境，但我国地域广阔，城乡发展不平衡，如何结合当地实际，因地制宜推广助农取款服务，是各级人民银行和金融机构值得思考的问题。张永红（2013）结合江西省吉安市实际情况，认为银行卡助农取款服务的推广应用取得了现实成效，满足了农民基本金融服务，极大地改善了农村支付环境，却也遭遇现实困境，影响了助农取款服务的长效发展。赵文瑞（2016）以甘肃省定西市为例，提出银行卡助农取款服务自推广以来，进一步促进了国家惠农政策的落实，有效改善了农村地区支付服务环境，但是在推广过程中也存在网点布局不均衡、设立和运营成本较高、服务功能亟须优化、业务激励机制有待改进等问题，影响了该服务的全面推广。

3. 普惠金融问题

辛玉凤（2015）认为助农取款服务点首次把"普惠金融"引入行政村，让广大农民享受到"不出村、无风险、高效率"的金融服务，有效延伸了普惠金融服务范围，解决了农村金融服务"最后一公里"问题。吕瑛春等（2015）认为助农取款服务工程的实施能够让位于正规金融体系之外的农民及时获得最基本的金融服务，是践行普惠金融的有效途径。罗勇成（2015）指出大力建设助农取款服务，可以将金融服务延伸到位置偏僻、交通不便的农村地区，有效解决金融支农服务最后一公里问题，促进了金融服务的均等化，有利于普惠金融发展长效机制的构建。庄举伦等（2015）提出支付体系所提供的服务功能是其他金融服务的基础和支撑，长期以来，我国农村地区的支付服务能力较为薄弱，是普惠金融发展的难点和重点。

第三节　金融助农服务点的重大意义

我国农村面积辽阔、人口众多、交通不便、居住分散，导致金融环境及基础设施建设落后，农村地区的金融服务广度和深度远远落后于城市，金融供给难以满足农村居民的金融需求，农村居民仍无法享受到与城市居民同等便利的金融服务。实践证明，金融助农服务点将金融服务延伸到村组和广大偏远农户的家门口，切实保证国家各项强农政策快速落实到位，节省了农户长途跋涉往返乡镇或县城金融网点的时间，使农民在家门口就可以方便快捷地享受到与城镇居民同等的金融服务，在缩小城乡金融服务差距、消除农村金融服务盲区、促进城乡金融服务均等化等方面发挥着重要作用。

"最多跑一次、跑也不出村"的金融助农服务品牌是为满足农村基本金融服务需求而开展的金融支持乡村振兴模式创新。自助农取款服务推广以来，服务"三农"成效显著，受到了普遍赞誉，形成了"银行如意、商户乐意、农户受益、政府满意"的多方合作共赢的局面。对政府来说，是落实各项惠农利农政策、提升政府形象的民心工程；对农户来说，足不出村就可享受到跟城市一样便捷的优质金融服务；对商户来说，有助于农村商店汇聚人气并带来财气；对银行来说，有助于改善农村支付服务环境，有效填补偏远贫困地区金融服务的空白，是践行普惠金融社会责任的表现。

第四节　温州金融助农服务点基本情况

温州市创新实施"银行卡助农服务"工程，服务点一般设置在无银行物理网点或 ATM 自助取款机的乡镇以下行政村，原则上做到每个行政村都要设立服务点，逐步推进金融服务空白行政村的全覆盖。为确保金融助农服务点安全、规范运作，温州出台了《关于进一步加强农村支付服务环境建设的实施意见》，进一步改善农村地区金融支付服务环境，提升惠农金融服务水平。为确保金融助农服务点工作人员的积极性，温州市在全省首创财政资金助农直补机制，专门制定了《银行卡助农服务补贴方案》。下面从服务网点覆盖情况、服务点设立模式情况、服务点机具利用情况、服务点业务发展情况四个方面介绍温州助农服务点探索"最多跑一次、跑也不出村"的金融助农服务的基本情况（表4-1）。

表4-1　温州各涉农金融机构助农服务点业务情况一览表

涉农金融机构	服务点数量（个）	取款业务笔数（万笔）	取款业务金额（万元）	汇款业务笔数（万笔）	汇款业务金额（万元）	代理缴费笔数（万笔）	代理缴费金额（万元）	查询业务笔数（万笔）
农商银行	1 486	92.19	87 595.13	52.78	238 287.14	84.56	9 519.44	131.37
中国邮政储蓄银行	450	12.17	12 682.91	10.58	13 361.87	3.54	558.78	13.95
中国农业银行	155	0.98	670.92	3.52	14 660.51	17.7	1 755.80	9.9
合计	2 091	105.34	100 948.96	66.88	266 309.52	105.80	11 834.02	155.22

注：数据截至2018年12月末。

（一）服务网点覆盖情况

截至2018年12月，温州市鹿城区、龙湾区、瓯海区、洞头区、瑞安市、乐清市、永嘉县、平阳县、苍南县、文成县、泰顺县11个县（市、区）共设立金融助农服务点2 091个，主要分布在商户、村邮站和村委会，确保"就近跑"。全市48.6%的金融助农服务点实现基础金融业务与其他金融服务功能联动、叠加，农村支付环境有了显著改善。从温州市的实际情况看，农商银行、邮储银行、农业银行三家涉农金融机构是金融助农服务点工作的主要力量，农商银行1 486个，占71.1%；邮储银行450个，占21.5%；农业银行155个，占7.4%。设立金融助农服务点与设立流动服务点和布放ATM终端机具相比较，不仅业务覆盖面更广、服务周期更长、花费的时间和人力也更少，而且减轻了农村金融网点柜面工作压力，有效缓解了农村金融供给与需求的矛盾。

（二）服务点设立模式情况

全市农商银行、邮储银行、农业银行选择具有一定经济实力、营业时间长、客户流量大、运营稳定、信誉可靠的商户，通过安装专用POS机终端，为农户提供金融便利。以该模式设立的金融助农服务点共计1 549个，占全市金融助农服务点的 74.1%。邮储银行在市内村邮站布放转账设备、商易通等设备，设立金融助农服务点 142 个，占全市金融助农服务点的 6.8%。农商银行、邮储银行依托村委会布放机具，设立金融助农服务点 116 个，占全市金融助农服务点的 5.5%。这三种模式具有设备投资少、操作简便、安全性要求较低、风险低等特点，有效推动了"最多跑一次、跑也不出村"金融助农服务品牌建设。

（三）服务点机具利用情况

金融助农服务点业务的开展，弥补了农村金融基础设施建设的短板，为金融服务乡村振兴提供了保障。但是，温州大部分金融助农服务点业务开展不活跃，部分机具交易量低，甚至长期处于睡眠状态。2018 年 1 月至 2018 年 12 月，温州市金融助农服务点月均办理业务 0～3 笔、3（含）～20 笔、20（含）～30 笔、30（含）笔以上的分别为 597 个、270 个、274 个、950 个，占比为 28.6%、12.9%、13.1%、45.4%。逾五成金融助农服务点月均办理业务量在 30 笔以下，逾两成几乎没有发生业务，机具利用率偏低。

（四）服务点业务发展情况

2018 年 1 月至 2018 年 12 月，温州市金融助农服务点累计办理业务433.24 万笔，涉及金额 37.91 亿元。其中，取款业务 105.34 万笔，金额约10.10 亿元，现金和转账汇款业务 66.88 万笔，金额约 26.63 亿元，代理缴费业务 105.80 万笔，金额约 1.18 亿元，查询业务 155.22 万笔，查询功能使用普遍。按每笔业务节约成本费用 10 元、省时 1.5 小时测算，约为农民节省 4 332 万元和 650 万小时。金融助农服务点构建了"支付绿色通道"，为农村居民提供了便捷的支付服务，发挥了支农、助农、惠农的作用，有效打通金融服务乡村振兴"最后一公里"问题。

第五节 金融服务"最多跑一次"助力乡村振兴存在的问题

尽管温州金融助农服务点建设取得了显著成效，对于优化金融服务渠

温州篇 /

道、拓宽民生金融服务领域、更好地服务"最多跑一次"以及延伸金融服务都具有较强的实践意义。但是，不容忽视的是服务点建设仍然存在一定困难，影响了助农服务的效用，需要进一步完善。

（一）服务范围和功能有限，影响农民使用的积极性

温州市积极推动金融助农服务点转型升级，从目前情况来看，实施效果并不理想。大多数金融助农服务点业务范围以小额存取款、余额查询、转账汇款、代理缴费等基础性业务为主，业务种类单一，不能全方位满足乡村振兴多样化的金融服务需求。目前尽管开办了代缴代扣水费、电费、话费业务，但是，与农民生活息息相关的零钞兑换、残损币兑换、信贷咨询等业务仍需要到金融机构网点办理，金融助农服务点作用有限。截至 2018 年 12 月，全市具备农村电商服务、信贷服务、零钞及残损币兑换、个人结售汇功能的金融助农服务点分别为 730 个、549 个、296 个、27 个，仅占全部服务点的 34.9%、26.3%、14.2%和 1.3%。大多数金融助农服务点作用发挥有限，取款限额偏低，农户办理业务需分次支取，多次跑，极不方便。按照目前的规定，每张借记卡在金融助农服务点当日累计最高取款限额为 3 000 元人民币（含）。但随着农村经济的发展，农民面临医疗、子女教育、婚丧嫁娶、建房装修、购买农资等多种大额需求，当前限额已难以满足农户日常生产和生活消费的实际需求，影响了农民使用的积极性。

（二）服务网点布局不规范，地区之间发展不均衡

全市 11 个县（市、区）金融助农服务点数量较多的是苍南县（523）、永嘉县（297 个）、瑞安市（276 个）、平阳县（252 个）、文成县（218 个）；数量较少的是鹿城区（3 个）、龙湾区（42 个）、洞头区（44 个）。调查发现，金融助农服务点工作开展中存在金融机构相互竞争，集中争夺优质地区及优质商户，地区之间、网点之间发展不均衡的现象。由于金融助农服务机构都在同一个县（市、区）选择商户，在同一村内设立多个金融助农服务点，甚至在一个商户布放 2～3 台受理终端，无法避免服务点重复建设，导致受理终端使用率低和金融资源闲置浪费，金融支持乡村振兴效率不高。在发达地区"重复设点"及在优质商户"叠加设点"现象普遍，而在一些偏

远、贫困的地区，却没有金融机构设点，形成金融服务空白村，服务资源分布不均，普惠金融未得到有效落实。从实践来看，各涉农金融机构都以代理"新农保""新农合"项目为突破口，业务上也相互竞争，直接影响了服务点可持续发展。

（三）服务质量总体偏低，不能满足农村实际需求

一是金融助农服务点服务人员的素质参差不齐，服务质量低下。据调查，72.9％的服务点设于小超市、小卖部等商户内，其店主便天然成为工作人员。这些人员年龄偏大、文化程度偏低、业务素质较低，服务水平有限，影响金融服务乡村振兴的效果。二是工作人员缺乏服务意识，服务不到位问题比较突出。金融助农服务点的经济收益偏低（交易免收费），有的几乎没有产生经济效益，仅能创造社会效益，导致服务人员缺乏服务积极性，助农服务业务量增长缓慢。2018 年 1 月至 2018 年 12 月，全市查询业务量占总业务量的 35.8％，查询业务频繁，在查询业务免费的情况下，这部分没有任何收益。金融助农服务点手续烦琐且补贴少、收益低，要无偿垫付一定的周转金并承担假钞、短款等风险，还要承担通信费、交通费等。这些因素直接导致服务点商户代理积极性不高，承办意愿不强。而且，部分服务点收益远远不能覆盖运营成本，严重影响了此项业务的开展。以瑞安为例，该市共有 276 个金融助农服务点，能够实现盈利的金融助农服务点仅占 48.5％；逾两成金融助农服务点年收益仅有 1 000 元，月平均收益不足 100 元。

（四）服务标准没有统一，管理水平比较落后

目前金融助农服务点建设滞后，还处于较低的层次。一般一个服务点只有一个标识牌、一台终端机具，有的连标识牌也没有悬挂，设备简陋，形象较差，还没有建设起标准化、示范性的代理服务点，没有对农户形成强烈的视觉冲击力，难以引起农户的注意。同时，服务点建设因地而异，不同涉农金融机构在各地设立的金融助农服务点名称不统一，容易对农户产生误导，影响"最多跑一次、跑也不出村"金融助农服务品牌的打造。个别代理商户私事较多，很难保证固定的营业时间，金融助农服务点经营随意性较大，不利于服务点的可持续发展。金融机构依据协议支付代理商户手续费，各商业

银行根据自身实际情况，有的按固定费用支付，有的以业务笔数逐笔计算，还有的将定价权下放到县一级支行，本系统内标准也不统一。以平阳为例，该县邮储银行每月封顶 150 元给予金融助农服务点补贴；该县农商银行按取现 3 元/笔、转账 1.5 元/笔、代理缴费 2 元/笔给予补贴；该县农业银行按取现和转账 1 元/笔、代理缴费 1.8 元/笔给予补贴。由于实际执行中代理商户手续费标准不统一，使得商户整体稳定性较差，影响了助农服务业务的推广。

（五）服务管理成本较高，制约助农服务业务发展

金融助农服务点作为一项政府民生工程，服务点设立和发展的投入和运维费却完全依靠收单银行承担，开展助农服务的社会效益远大于经济效益，导致涉农金融机构缺乏积极性。在调研中各涉农金融机构普遍反映，服务点设备布设投入大，服务机构管理成本高，难以承受，影响了金融服务"最多跑一次"改革的推进。据调查，一部 POS 机具成本约 3 000 元，一台验钞机成本约 1 500 元，一个标识牌成本约 500 元，若再配备其他设备，金融机构建设一个服务点需固定投入成本约 5 000 元。全市有 5 405 个行政村，按每个村设一个金融助农服务点计算，就需要投入资金 2 702.50 万元。目前的情况是，政府虽出台了相应的财政补贴优惠政策，但由于地方财力有限，仍是杯水车薪，且直接补贴给商户，对收单银行没有任何倾斜，这极大地影响了收单机构工作的积极性。截至 2018 年 12 月，中国人民银行温州市中心支行累计给予 1 525 个金融助农服务点 65.81 万元补贴资金，平均一个服务点仅补贴约 432 元。其余费用支出均由金融机构独自承担，在没有政策倾斜和资金扶持的情况下，各参与机构费用负担沉重。由于管理成本偏高，各参与机构在安防设备投入上明显不足，服务点采用敞开式服务，门窗、墙体等也仅满足居民建筑标准，报警装置基本缺失，网点装修防护不达标。而且，大多数金融助农服务点未安装防盗窗、保险柜、监控、报警设施等安全防护设备，服务点经营存在较大的风险隐患，制约着金融服务乡村振兴能力和水平的提升。

（六）移动支付普及应用，助农服务业务量大幅下跌

随着移动互联网推动新型支付结算手段快速发展，移动支付迅速占领农

村市场，对服务点原有基础性金融服务业务形成了挤压，一定程度上降低了农户对助农服务的需求。微信、支付宝等新兴电子支付具有查询、转账、扫码支付、生活缴费、信用借贷、投资理财等功能，能够全方位满足人民日常生活需求，对于移动支付的依赖度改变了农村支付方式和消费习惯，在日常消费中对现金和刷卡的依赖程度减弱。从调查的情况来看，目前在农村的菜场、小商店、农贸市场、夜市等营业场所，越来越多的人通过手机扫码支付进行交易，相应地在服务点现金取款的次数及金额大幅下跌，助农服务机具使用频率较低，服务点的功能和效用日趋弱化，金融支持乡村振兴存在现实障碍。

（七）相关部门重视不够，助农服务业务进展不平衡

金融服务乡村振兴的合力还未完全形成，政府各部门对助农服务业务工作认识不一、进展不一，相关部门认为该业务是金融机构自身的一项普通金融业务，没有看到金融助农服务点的社会性、公益性，因此未给予必要的资金和政策扶持，制约了涉农金融机构开展此项工作的积极性。虽然地方政府批转了人民银行的金融助农服务点实施方案，但在实际推广中呈现银行系统唱主角、政府有关部门主动性不强的情况，仅仅依赖人民银行及部分涉农金融机构单方的力量，助农服务业务难以达到预期效果。与此同时，各级政府尚未对金融助农服务点工作进行目标化、责任化和量化落实，政府涉农部门与银行系统的联系、配合和支持工作还不够到位。笔者在调查走访中获悉，在镇政府高度重视或者与村委会联系相对紧密的行政村，各涉农金融机构往往能够在助农服务业务推广中得到帮助，反之在镇村支持力度不足的行政村推广难度较大。

第六节　国外经验借鉴

中国和巴西、肯尼亚、墨西哥的国情存在较大的相似性，都面临农村金融服务空白区域多、金融供给效率较低、无法满足当地居民金融需求等问题。本书主要以巴西、肯尼亚和墨西哥三个国家为例，对农村金融服务发展的国际经验进行分析，借鉴其成功之处，对促进助农服务点可持续发展具有

重要意义。

(一) 巴西代理银行经验

巴西经济实力位居拉丁美洲首位，巴西代理银行模式是指一种在缺乏银行分支机构的地区，商业银行与其他非银行机构签署协议，利用其商业网点为当地居民提供基础金融服务，从而实现金融服务的延伸。巴西的地形地势复杂，在偏远的地方设立银行分支机构存在一定的困难，因此巴西采用的方式是将一些偏远地区的非银行机构，如零售代理点、便利店、药店、邮局、加油站等发展为银行代理机构，但是所有的缴费标准、规则都严格按照商业银行规定执行。在这种情况下，代理机构的经营行为是由其对应的商业银行负责的，其提供的相关金融服务大大提高了当地群众生活的便利性。巴西代理银行做法是将银行功能分解外包给代理机构，使其经营领域更加多元化，代理机构服务范围包括开立储蓄账户、转账汇款、存取款、发放政府津贴和养老金、银行贷款代理申请等，为传统银行网点无法覆盖的偏远地区的民众提供便捷的金融服务。受益于代理银行模式的大力发展，巴西自1999年推行该模式以来，银行代理机构增长迅速，在短时间内覆盖国内所有城镇，成效显著。值得我国助农服务点业务借鉴的是，首先巴西允许开展代理银行业务的资格已经从最初的商业银行放宽到所有金融机构，但是在我国还仅限于银行金融机构，其余保险、证券等金融机构均无资格进入该市场；其次，巴西代理银行向客户收取的交易手续费收入在设点机构与代理网点两者之间根据合约规定进行分配，但是我国助农服务点无偿为客户提供金融服务，导致合作商户办理业务积极性较低。

(二) 肯尼亚手机银行经验

肯尼亚是非洲具有代表性的发展中国家，与其他国家相比，肯尼亚的国情较为特殊。肯尼亚的大多数银行机构都集中在城镇地区，居住在农村偏远地区的居民无法享受到金融服务，因此其金融发展非常落后。据不完全统计，2006年3 500万人口的肯尼亚全国拥有传统银行账户的人数不足700万人，只占全国总人口的约20%，全国平均每10万人才拥有1.5个银行网点和1台ATM机，但与此形成巨大反差的是，手机却在肯尼亚得到广泛使

用。基于这种现象，2007 年 3 月，英国跨国移动运营商沃达丰集团
（Vodafone）与肯尼亚最大移动运营商 Safaricom 合作推出移动支付产品
M - PESA，为大多数肯尼亚使用手机的低收入群体、农村中小微企业等农
村弱势群体办理相关银行业务或提供金融服务，这就是手机银行。由于手机
在肯尼亚的普及率较高，因此这种手机银行获得了很好的效果，形成了具有
肯尼亚特色的普惠金融发展模式。M - PESA 手机银行自推出后发展迅速，
从原有的移动转账和支付业务逐步拓展到汇款转账、账户查询、信用还款等
金融业务。2007 年 6 月，肯尼亚手机银行拥有 17.5 万户用户和 577 家服务
代理商，到 2018 年 6 月，这款产品已有 1 642 家代理运营点和约 50.4 万户
手机用户。为扎实推进普惠金融发展，肯尼亚中央银行在肯尼亚地区制定了
严格的防范洗钱措施，有效防范手机银行风险。

（三）墨西哥普惠金融发展经验

墨西哥与巴西一样，是拉丁美洲经济大国，从 21 世纪初就开启了普惠
金融的制度建设，主要做法是在农村地区大力发展代理网点拓宽金融服务渠
道。墨西哥 2008 年立法允许金融机构通过第三方提供服务，法律规定原则
上每个代理点只能与一家银行机构开展合作，并对业务范围、交易金额做出
了规定和限制。因此，大量的商业机构在边远地区与便利店、彩票销售点、
加油站等非金融商业实体开展合作，建立代理点，扩大金融服务覆盖面。另
外，墨西哥政府积极推进政策法规的改革，着力推动自身金融机构透明化、
宣传普及金融知识、保护金融消费者合法权益，提高普惠金融自身的发展
水平。

第七节　金融服务 "最多跑一次" 助力
乡村振兴的对策建议

设立金融助农服务点是一件有利于解决农村金融实际需求、真正惠农便
农、树立政府良好形象的大实事，为充分发挥其作用，应认真总结相关经验
和做法，进一步巩固成果，在全省范围内完善金融助农服务点，积极打造金
融服务 "最多跑一次、跑也不出村" 的助农服务品牌，让广大农民足不出户

即可享受到各种金融服务，将其打造为乡村振兴的桥头堡。

（一）拓展服务功能，提高服务点利用率

一是不断丰富服务点的功能。随着移动支付在农村的普及，仅具有基础功能的助农服务点已不能满足乡村振兴多层次、多样化的金融需求。建议按照国家关于实施乡村振兴战略的意见和有关提高农村金融服务水平的要求，摸清当地农户的实际需求，进一步拓展助农服务功能。对金融助农服务点进行扩容改造、提质升级，继续推动"服务点＋建设"工作，即推动电子商务代买代卖、发行国债、反假人民币、反洗钱、销售农业保险、代理代缴等金融服务功能，与现有的取、转、查、缴功能联动、叠加，不断提高服务点的覆盖面和服务力，实现办理金融业务"最多跑一次"，使广大农民足不出村就能享受现代化的金融服务。

二是因地制宜确定取现额度。针对农村地区的实际发展状况，采取区别对待、有保有压的原则，放宽取现额度限制，使服务点能够真正做到强农、惠农、便农。建议以单卡单笔 3 000 元，单卡每天不超过 3 次，单卡每日累计最高取款金额不超过 8 000 元较为适宜，解决农民分次支取现金来回跑的问题，更好满足不同地区农民多样化的取款需求。

（二）出台服务标准，推进服务点规范化

一是制定行业标准。建议参照目前助农服务实践相对成熟地区的做法，制定出台《温州市"金融助农服务"工作指导意见》，在金融助农服务点的布局设点、运营环境、品牌名称、服务点标识、运营管理、机具种类、服务内容、风险管理、服务收费、商户补贴标准、工作人员配备、投诉处理等多个方面制定统一标准或规范。通过规范服务、强化管理，提升服务点的形象和公信力，增强服务点的吸引力，增加服务点业务量，提高机具设备使用率，提高服务点对农民的黏合度和品牌渗透力，助推"最多跑一次、跑也不出村"金融助农服务品牌的打造。

二是设置准入和退出标准。按总量控制、动态调整的原则，建立健全服务点准入、退出机制，确保金融助农服务点高效运行，推动金融服务"最多跑一次"改革向更深层次推进。严把服务点的准入关，优先考虑在信用村

镇、信用商户设点。与此同时，对服务点工作人员设立严格的业务准入标准，将其业务素质、年龄、受教育情况等条件作为准入条件之一，提高金融服务乡村振兴的能力。设置服务点服务水平、业务量和基本风险防范标准，对服务质量优、业务量大的服务点给予通报表彰和一定的奖励；对选点位置不佳、服务质量差、零业务和长期机具使用频率过低的服务点采取转让、调整、撤点等措施，建议撤销连续 3 个月零业务或者近 6 个月业务量低于平均业务量 30％ 的服务点，避免资源闲置。

（三）加强服务培训，提升金融助农服务点服务水平

一是建立多渠道的农民培训机制。以服务"最多跑一次"改革为出发点，结合金融生态环境建设、社会信用体系建设，各级人民银行和涉农金融机构可以将农民培训与人民币反假、金融知识下乡等金融宣传活动结合起来，在偏远农村地区广泛开展多层次、多方位、多形式、多渠道的助农服务政策及金融知识宣传活动，营造良好的社会氛围。通过多宣传、多带动，引导农户全面了解助农服务性质、主要业务及相关农村金融知识，提高广大农民对助农服务的认知度和认可度，为进一步推动农村支付服务环境建设奠定基础。

二是建立多层次的服务点工作人员培训机制。业务开办前由承办金融机构通过现场督导、视频培训、集中培训等方式，对相关服务点工作人员进行业务知识水平、业务操作能力、业务风险防范培训，提升其服务能力。结合定期和不定期巡检，不断对服务点工作人员进行新业务知识培训，不断提升其业务办理能力，提高操作人员基本素养，增强服务质量。根据实际情况实施轮训制度，建议 3 年开展一次集中综合培训，最大限度地提升服务点的服务水平，努力实现办理金融业务"最多跑一次"，从而可以更有效地为农民服务。

（四）强化服务管理，保证服务点服务效率

一是构建强有力的组织监督机制。持续推进金融服务"最多跑一次"改革工作，建立在政府领导下的人民银行为主导、监管部门协作、金融机构配合的工作机制。建议市政府成立"金融助农服务"工作领导小组及办公室，形成多方协作的工作合力，负责服务点的组织领导和统筹协调工作。按照"统一领导、分级负责"原则，各县（市、区）和乡级政府也成立相应的工

作领导小组，全面建成市、县、乡、村四级联动机制，为助农服务提供组织保障，协调解决助农服务推广过程中遇到的政策、资金、技术、业务、人员等方面的实际问题。强化地方政府负责的监督考核机制，市政府与各县（市、区）政府签订工作目标责任书，将服务点工作列为政府年度工作绩效考核重要内容。市政府与各承办金融机构签署战略合作协议，明确工作职责及考核激励方式；各县（市、区）政府按年度对承办金融机构、服务点进行综合考评，将助农服务落到实处。人民银行应加强对承办金融机构的督导和考核，将承办金融机构服务点管理工作纳入人民银行对金融机构的考核评价内容，按年度对服务点进行全面的考察和评估，进一步深化"最多跑一次"改革。同时，可以借鉴巴西代理银行经验，我国应该进一步开放助农服务市场，鼓励和引导第三方支付机构进入助农服务市场，努力构建有效、有序竞争的市场格局。

二是合理调整服务点的结构和布局。采取由农商银行、邮储银行、农业银行三家金融机构依照乡镇分片包干的方式设立服务点，并推行"谁包干、谁布机、谁发卡"的运行机制。依据实际需要，因地制宜、统筹规划、精心布局推广服务点，充分考虑机具利用率、风险防控、操作能力、地理位置等因素，全力打造优质服务点，在现有条件下让农民少跑路，实现社会效益和经济效益的平衡。坚持"优质高效""一点一机"原则，禁止同一商户代理两家及以上金融机构助农服务业务，同一服务点原则上不布放同一金融机构的多台受理终端，既调动了金融机构的参与积极性，又避免了重复建设造成的恶性竞争。

三是开展精准分类管理。通过分析一定时期内服务点的运营状况，结合服务点业务量、业务功能、服务质量、人员素质、安全保障设施、风险防控等多个因素，建立服务点分类评级指标。将服务点按照评价指标进行类别等级划分，对优质、一般、低效、闲置4个类别等级的服务点采取更有针对性、更加有效的管理措施。建议每两年开展一次业务评级，适时调整分类评级指标，为乡村全面振兴做出应有的贡献。

（五）完善服务政策，加强服务点扶持力度

一是加强对代理商户的资金扶持。把更多金融资源配置到乡村振兴的薄

弱环节，明确服务点的公益性定位，建议人民银行牵头，加强地方政府和金融机构合作，建立利益补偿机制，对偏远农村地区开展助农服务的代理商户给予财政补贴、收费减免、信贷支持、利率优惠等鼓励措施，推动服务点的可持续发展。出台助农服务业务发展的奖励或补贴标准，根据服务点的业务量，体现以绩计酬、多劳多得、按季考核、按季发放的分配原则，有效提高代理商户办理助农服务业务的积极性。

二是加强对金融机构的资金扶持。为进一步推动"最多跑一次"改革向农村延伸，应充分发挥人民银行等金融监管部门的监管职能，出台关于助农服务的优惠政策，给予拓展助农服务的金融机构大力支持和相关政策上的优惠，进一步降低助农服务业务的推广和运营成本，引导金融机构在农村地区拓展各项新业务。对设置服务点的涉农金融机构给予财政补贴的同时，可考虑给予一定的税费减免和政策扶持。只有对金融机构、代理商户同时给予足够的资金支持和政策倾斜，才能激发各方服务"三农"和乡村振兴战略的积极性，把服务点建设成为农民认可、代理商户肯干、金融机构乐建的惠民工程。

三是有效整合农村渠道资源。加大资源整合力度，结合政府的农村公共服务体系建设，在便民服务、农业服务、医疗服务和党建服务等公共服务中增加农村支付结算服务，使便民服务业务有效叠加，提高助农服务业务在农村的渗透率。同时，充分利用农村渠道资源，实现金融助农服务点与农村电商、邮政物流配送等乡村综合性站点"多点合一"，实现资源共享、融合发展、优势互补，积极助力"最多跑一次"，打通金融支持乡村振兴"最后一公里"。

第五章
创新"三位一体"信用合作模式
破解农村金融服务难题

●本章导读

　　"三位一体"信用合作模式是破解农村金融服务难题的重要途径。本书分析了瑞安"三位一体"信用合作的实践经验，发现瑞安探索构建了"农合联＋金融"新型服务模式，打造了集生产、供销、信用为一体的农村"三位一体"信用信息平台。为进一步发挥"三位一体"信用合作模式在破解农村金融服务难题中的作用，建议从"三位一体"农民专业合作社、"三位一体"信用信息平台、"三位一体"信用评价体系、"三位一体"金融支持体系等方面完善"农合联＋金融"服务模式。

第一节　　"三位一体"信用合作的研究背景

　　多层次的金融支持是解决"三农"问题的关键，我国农村已初步形成了合作性金融、商业性金融和政策性金融并存的农村金融体系，但是商业性金融和政策性金融支农功能不断弱化（孔祥毅，2006）。随着农村资金互助社、贫困村村级资金互助社和农民专业合作社内部的资金互助组织等新型合作金融组织的不断涌现（孙飞霞，2015），较大程度上缓解了农村金融供需的紧张状况。但是在实践中，合作金融低效甚至匮乏（胡振华等，2012），真正内生的合作金融没有能够在全国范围内确立起来（谢平，2001）。由于合作性金融、商业性金融和政策性金融功能发挥不足，农村金融体系存在有效供给不足和层次单一的重要缺陷（潘淑娟，2007），严重制约了"三农"的发展。同时，乡村振兴战略下的农村金融需求主体主要是以农民专业合作社为代表的新型农业经营主体，其金融需求与传统小农户的金融需求存在很大不同，呈现出融资需求量大、金融服务需求多元化、产业链金融需求扩大化、农业保险需求强烈等新特征（张启文等，2015）。现行的农村金融体系难以适应新型农业经营主体的金融需求，进一步加剧了农村金融服务的供需矛盾。

为破解农村金融服务难题，国内通过助农服务点和农村互联网金融等方式为农村提供各种金融服务（周开禹，2016；荆菊，2020）。但是，现阶段助农服务点建设仍较为困难，而农村互联网金融发展的风险远远大于传统农村金融的风险，农村金融服务不足的现象并未从根本上得到扭转。农村金融服务仍是世界性难题，国内外各个国家和地区也在积极探索金融服务"三农"的有效途径。相对于"英美模式"，对同样是小农经济的我国更适合"东亚模式"（黄宗智，2018）。"东亚模式"以日韩农业协会最为典型，主要特点是以综合性服务为主，高度重视信用合作业务，建立功能完善的合作金融体系（高强等，2015）。要想破解农村金融服务难题，我国应参考日韩农业协会的成功经验，构建综合性合作组织体系和专业合作组织体系（赵维清，2012），将发展合作金融与发展农业生产、农产品流通和社会化服务等业务结合起来，打破农民专业合作社无法有效服务小农的困境。

2017年中央1号文件提出积极发展生产、供销、信用"三位一体"综合合作，其中信用合作就是合作金融，"三位一体"模式为进一步推动合作金融发展指明了方向。习近平总书记很早就提出探索类似日韩以合作金融为核心的综合农业协会模式，在浙江工作期间明确提出构建生产、供销、信用"三位一体"综合合作（徐旭初等，2018），落实为全面构建浙江农民合作经济组织联合会（以下简称农合联）组织体系，并在瑞安率先开展"三位一体"农合联综合试点。小农大合作有赖于"三位一体"综合合作，从我国农村实际来看，供销社（农合联）具有与日韩农业协会相似的经营模式，完全有条件依托供销社独特的组织和资源优势构建"三位一体"合作组织体系（即农合联体系）（陈林，2018）。信用合作是支撑生产合作和供销合作的关键，通过信用合作将生产合作与供销合作凝结在一起，以农合联为载体，可以实现小农户和现代农业发展有效衔接（祖建新等，2020）。基于此，本书在详细分析浙江瑞安"三位一体"信用合作实践经验的基础上，研究创新"三位一体"信用合作模式破解农村金融服务难题，以期为全国提供可复制、可推广的"农合联＋金融"服务模式。

第二节　破解农村金融服务难题的可行模式——"三位一体"信用合作

在习近平"三位一体"综合合作理论的推动下，瑞安率全国之先建立了"三位一体"农村合作协会。其后，浙江不断推进"三位一体"改革，将农民合作经济组织和各类涉农服务组织联合起来，在全省组建了具有生产、供销、信用"三位一体"服务功能的农合联。全省基本构建了以供销社为依托的省、市、县、乡四级农合联体系，成员主要包括新型农业经营主体、供销社、金融机构等。截至2020年，全省共有1个省级农合联，11个市级农合联，84个县级农合联和961个乡镇级农合联。在构建"三位一体"综合合作中，难点在于"一体"，信用合作不能脱离生产合作和供销合作。农民专业合作社具有"熟人社会"的天然优势，依靠"三位一体"合作社发展农村合作金融具有风险可控的优势。合作金融有赖于"三位一体"综合合作，在以合作金融为核心的"三位一体"合作体系内，可以为农户提供全方位的社会化服务，满足"三农"发展多元化金融服务需求，是破解农村金融服务难题的有益尝试。

第三节　浙江瑞安"三位一体"信用合作的实践经验

作为"三位一体"改革的发源地，瑞安进行了10多年的探索与实践，成立了温州首家农民资金互助社，成立了全国第一家农村保险互助社，建立了全国第一家县级农信担保公司，打造了全省首个县级区域性农产品公共品牌——"瑞安农产"。基于乡村振兴战略下新型农业经营主体金融服务需求，瑞安探索构建"农合联＋金融"新型服务模式，打通农村金融服务"最后一公里"。在加入农合联的农民专业合作社内部实施生产合作、供销合作和信用合作，满足农民专业合作社及其社员融资需求。在"三位一体"农民专业合作社基础上以农合联为载体，由瑞安市供销社（农合联）与中国人民银行瑞安支行共同打造了全省首个集生产合作、供销合作、信用合作为一体的农村"三位一体"信用信息平台，为农户、农民专业合作社和金融机构间搭建起第三方信息平台，致力于破解农村金融服务难题（图5-1）。

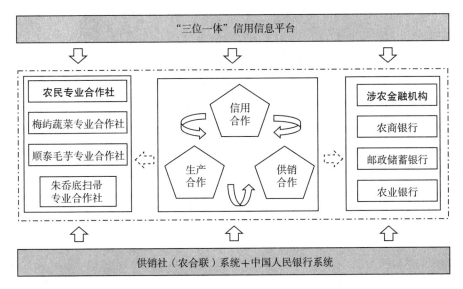

图 5-1　浙江瑞安"三位一体"信用合作模式

（一）"三位一体"农民专业合作社

农民专业合作社作为重要的新型农业经营主体，是破解"三农"问题的新型合作组织，也是金融支持"三农"发展的主要途径。据不完全统计，目前瑞安共建立农民专业合作社 1 073 家。梅屿蔬菜专业合作社、顺泰毛芋专业合作社、朱岙底扫帚专业合作社三家"三位一体"农民专业合作社均是瑞安市农合联会员单位，且都获得市级及以上示范合作社称号，其中梅屿蔬菜专业合作社"三位一体"模式入选农业农村部全国农民合作社典型案例。

1. 梅屿蔬菜专业合作社

瑞安市梅屿蔬菜专业合作社是"三位一体"改革路上的"领头羊"，该合作社成立于 2001 年。合作社注册资金 30 万元，现有社员共 762 名，以蔬菜种植户、购销户为主体，涉及周边4个镇（街）共41个行政村，基地辐射面积7 000余亩，带动农户4 500余户，为社员提供农资供应、技术服务、产品销售等服务。2012年，合作社联合瑞安市供销社（农合联）组建了瑞安市友联果蔬专业合作社，利用供销社服务"三农"的传统优势，帮助社员广开销售渠道。作为合作社供销平台的万科农业开发有限公司，由合作社内部分农户合股出资成立于2013年，负责合作社蔬菜销售和品牌建设，是"三位一体"改革的生动实践。万科农业以数千亩蔬菜基地为依托，与万象城、华润Online精品超市、温州世贸中心等大型高端超市展开合作，全力推动精品高端蔬菜、色拉蔬菜业务，品种多达200余种。合作社创新信用合作模式，解决社员生产资金需求。2011年，该合作社联合其他2家合作社组建汇民农村资金互助社，是温州唯一试点的农村资金互助社。互助社入社成员799名，注册资金500万元，自营业以来，累计发放贷款4.25亿元，农业贷款比例在85%以上，扶持种植大户近百户。2015年，该合作社同20多家合作社共同出资设立兴民农村保险互助社，社员3 552名，注册资金100万元，营运资金500万元，是全国首家服务"三位一体"农村新型合作体系的保险互助组织。该互助社累计承保了番茄种植保险801.1亩，受益农户达348户，成为政策性农险和商业性农险之外的重要补充。

2. 顺泰毛芋专业合作社

瑞安市顺泰毛芋专业合作社成立于2001年，注册资金100万元，联结社员基地1 500余亩，其中1 000余亩种植毛芋，500余亩种植收益高、风险高的番茄。合作社成员以顺泰周围种植大户、购销大户、科技管理人员为主，拥有社员600名，带动农户1 500余户。合作社通过强化品牌建设、依靠科技进步、拓展营销渠道和开展信用担保合作等服务，力促社员农户增收。2013年合作社发起组建瑞安市融达资金互助会，注册资金为520.2万元，2014年设立农资大超市、庄稼医院、电商服务部，将农民专业合作、供销合作、信用合作三类组织有机融合，增强为生产服务的金融、流通与科技三重功能。互助会开展信用合作，累计帮扶农户478人次，发放贷款4 872万元。2015年，顺泰毛芋专业合作社与其他合作社共同组建兴民农村保险互助社，创新农村金融合作模式。

3. 朱岙底扫帚专业合作社

瑞安市朱岙底扫帚专业合作社成立于 2006 年，社员共 31 户，注册资金 49 万元。合作社积极响应"三位一体"政策，在生产合作方面，合作社统一采购"金丝草"原料，比单户人家购买价格低许多，一年节省资金 12 万元，有效降低了生产成本。此外，合作社为社员提供科技服务。在供销合作方面，合作社创建统一的品牌，严把扫帚质量关，保障扫帚销路。2018 年合作社产销扫帚 140 万把，产值 1 540 万元。在信用合作方面，瑞安农商银行向该合作社提供"整社授信"服务，发放农户贷款 1 520 万元，解决社员融资难的问题。2015 年，合作社出资超过 18 万元，投入兴民农村保险互助社。

对上述三个"三位一体"农民专业合作社在生产合作、供销合作和信用合作方面进行比较（表 5-1），发现生产合作、供销合作发展较快，信用合作仍为"三位一体"综合合作的短板。由于农民缺乏贷款抵押担保，农村信用评级体系不完善，贷款信息不对称，贷款额度较小、成本高，导致农民融资难上加难。作为"三位一体"发展中的重要一环，瑞安市信用合作并未取得很大的突破。目前瑞安依托农民专业合作社运营的农村保险互助社、农村资金互助社、农村资金互助会数量极少。"三位一体"农村改革信用合作仍是"老大难"问题，信用合作风险高、阻碍多。

表 5-1 "三位一体"农民专业合作社比较

"三位一体"合作社	生产合作	供销合作	信用合作
梅屿蔬菜专业合作社	①基地辐射面积 7 000 余亩 ②带动农户 4 500 余户	①瑞安市友联果蔬专业合作社 ②万科农业开发有限公司	①汇民农村资金互助社 ②兴民农村保险互助社
顺泰毛芋专业合作社	①联结社员基地 1 500 余亩 ②带动农户 1 500 余户	①强化品牌建设 ②拓展营销渠道	①融达资金互助会 ②兴民农村保险互助社
朱岙底扫帚专业合作社	①统一采购"金丝草"原料 ②提供科技服务	①创建统一品牌 ②保障扫帚销路	①"整社授信"服务 ②兴民农村保险互助社

（二）农村"三位一体"信用信息平台

瑞安以农合联为组织平台构建信用信息平台，解决新型农业经营主体轻信用、轻资产、缺抵押的问题，为发展合作金融提供有力支撑。梅屿蔬菜专业合作社、顺泰毛芋专业合作社、朱岙底扫帚专业合作社三家合作社及其社员的相关信息已上传至农村"三位一体"信用信息平台，该平台目前已绑定农户1 861人，授信1 241笔，金额为2.53亿元。平台以农户、农民专业合作社、涉农金融机构（农商银行、邮政储蓄银行、农业银行）、农合联等为服务对象，基本作用和步骤如图5-2所示。

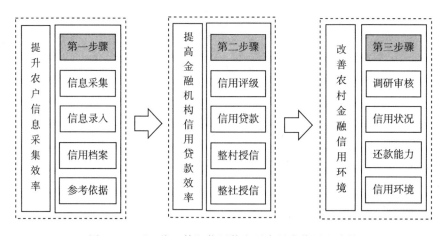

图5-2 "三位一体"信用信息平台基本作用和步骤

一是提升农户信息采集效率。对梅屿蔬菜专业合作社、顺泰毛芋专业合作社、朱岙底扫帚专业合作社等新型农业经营主体的生产供销信息进行采集，并且录入到"三位一体"信用信息平台。建立农户信用档案，内容包括基本信息、生产经营数据、销售数据、贷款授信以及其他信息等。为涉农金融机构识别农户身份、判断农户信用状况、防范信贷风险提供参考依据，破解农村信用信息不对称。

二是提高金融机构信用贷款效率。"三位一体"信用信息平台将梅屿蔬菜专业合作社、顺泰毛芋专业合作社、朱岙底扫帚专业合作社等新型农业经营主体的生产供销信息转化为融资的资本，有效增进农户信用价值，从"信用"环节打通"生产、供销"。涉农金融机构在"三位一体"信用信息数据库基础上，结合生产经营和个人综合信用情况进行信用评级，依据信用等级发放信用贷款，有效缓解了合作社及其社员融资难题。对农户、村和乡镇的信用状况进行评级，积极推进信用户、信用村、信用乡镇创建活动，并按信用等级制定差异化的授信额度策略和贷款利率方案。全面推开"整村授信"和"整社授信"工作，加大涉农信贷投放力度，提高农户贷款需求满足率。

三是改善农村金融信用环境。农户在"三位一体"信用信息平台上自行填报生产供销信息及相关信用信息，涉农金融机构贷前调研审核，考察农户的信用状况和还款能力，降低贷款风险。引进守信激励和失信惩戒的机制，全面提高梅屿蔬菜专业合作社、顺泰毛芋专业合作社、朱岙底扫帚专业合作社等新型农业经营主体诚实守信的素质，加强诚信文化建设，营造良好的农村信用环境，逐步完善农村金融服务体系。合作金融是满足新型农业经营主体金融需求的有效组织形式，但是农村"三位一体"信用信息平台当前存在以下问题。首先，平台上的金融机构仅仅局限于三家涉农金融机构（农商银行、邮政储蓄银行、农业银行），其他金融机构都未参与该平台。其次，合作社及其社员对该平台知晓度仍然较低，不利于平台的进一步推广。再次，平台主要吸纳了梅屿蔬菜专业合作社、顺泰毛芋专业合作社、朱岙底扫帚专业合作社三家"三位一体"合作社，对全市其他合作社及其社员的带动和辐射面小。最后，注册"三位一体"信用信息平台的农户不愿意公开个人信用信息，导致农户信用信息采集困难。

第四节　国外经验借鉴

农村合作金融组织最先产生于 19 世纪中叶的欧洲国家，之后在欧美乃至亚洲扩展开来。农村合作金融组织经过一个多世纪的发展已遍及全世界，其中，德国、美国、法国和日本四国的农村合作金融发展起步较早，特点相对鲜明，发展比较成功，其在合作金融发展上的实践经验十分丰富。德国发展模式是"单元金字塔"模式，美国发展模式是"多元复合"模式，法国发展模式是"半官半民"模式，日本发展模式是"二三三"模式。总结它们发展成功的原因，分析其组织体系、管理体制和运行机制，以期为我国农村合作金融的发展提供借鉴。

（一）德国的"单元金字塔"模式

世界合作金融组织起源于德国，早在 19 世纪 50 年代，舒尔茨和雷法巽先后创立了信用合作社，成为世界上最早的信用合作社。经过 160 多年的演变发展，德国的农村合作金融组织已经形成了健全的合作金融管理体制、遍布城乡的营业网点体系。

1. 组织体系

德国合作金融组织体系分为三个层次，是典型的金字塔结构。处在顶层的是全国性的中央管理机构，即德国合作社银行（属于信贷合作联合会），主要起着协调全国合作金融组织的作用。处在中间层的是三家地区性的管理机构，即地区性合作银行（德西中心合作银行、斯图加特中心合作银行和南德中心合作银行）。处在中顶层的是地方性基层农村信用合作社（包括分支机构及营业网点），直接为社员提供信用合作服务。在德国合作金融三级金字塔模式中，地方性基层农村信用合作社与三家地区性的管理机构、全国性的中央管理机构之间不存在行政上的统属关系，每一级银行都是依法注册、独立核算、自主经营的独立法人金融机构。但是在合作金融体系中，各层次间自下而上地持股，下级的合作银行是上一级合作银行的股东，上一级合作银行在服务上对下级合作银行进行扶持，发挥整体优势，形成高效的合作金融系统。

2. 管理体制

在德国，整个合作金融系统的监管和管理工作主要由联邦金融监察局、联邦中央银行和行业自律组织承担，其中行业自律组织包括德国信用合作联盟和 11 家区域性的合作社审计协会。联邦金融监察局和联邦中央银行负责对全国所有合作银行进行监督管理，德国信用合作联盟负责对银行业开展培训和审计工作，11 家区域性的合作社审计协会负责对地区一级的行业进行机构、资产及业务活动等方面的审计监督。

3. 运行机制

针对合作金融体系，德国建立了贷款保险、贷款担保制度和存款保险制度。合作金融体系还要求各合作银行共同构建贷款担保基金，一旦个别银行出现大的危机，难以独立承担时，由该基金全额补偿。此外，德国合作银行层次划分清晰、管理民主、分工明确，拥有完善的审计监督以及风险防范和自我保护机制，能有效保障合作金融的规范、健康发展。

（二）美国的"多元复合"模式

美国的农村合作金融组织出现的时间明显晚于欧洲国家，但发展速度较快且比较完备。经过多年的发展，已经形成了完善的合作金融体系，在推动社会的发展与进步方面发挥着巨大的作用。

1. 组织体系

与德国的合作金融组织结构相似，美国的合作金融采用"多元复合"体系，但结构要相对复杂些。美国合作金融体系按照业务管理性质可以分为上、中、下三层，上层是作为监督管理机构的农业信用管理局，负责对信贷银行进行监管。美国整个农村合作金融组织体系由联邦土地银行、联邦中期信用银行、合作社银行三家银行组成，三家银行的组织管理体系和业务功能不同，相互独立，不存在从属关系，实行自主经营和民主管理。中层是12个农业信贷区，每个信贷区都设置了一家区级联邦土地银行、一家区级联邦中期信用银行、一家区级合作社银行、一家农业信用管理分局，各农业信用区呈现相同的组织结构。下层是各地区性合作金融组织的基层组织，包括联邦土地银行合作社、信用合作社和生产信贷协会。

2. 管理体制

美国专门设立了全国信用社监管局，对在联邦政府注册的信用社进行监管，他是独立于中央银行之外的行政管理部门。全国设有6个大区管理分局，负责对在州政府注册的信用社实施现场和非现场监管。另外，美国还有发达的信用社行业协会体系，协调信用社与监管当局、信用社与联邦政府以及各州政府之间的关系等。美国还建立了完整的合作金融保险制度，良好的保险制度为信用社的发展起到了引领推动作用。此外，美国制定了一系列合作金融法规，以法律形式为信用合作社保驾护航，维护了合作金融的安全，不断促进其健康发展。

3. 运行机制

联邦土地银行主要向农场主提供不动产抵押贷款，非社员不能获得贷款服务。联邦中期信贷银行只向合作社提供短期和中期生产性信贷服务，不直接向借款者提供贷款。合作银行系统由 12 家区域合作银行以及其下属的合作社和一家中央合作银行共同组成，中央合作银行为 12 家区域合作银行办理结算、提供贷款，同时 12 家区域合作银行只对各辖区内的合作社提供贷款和咨询服务。

（三）法国的"半官半民"模式

法国农业在整个国民经济中具有举足轻重的作用，农业信贷在法国发展程度较高。法国拥有发达的合作金融，对合作金融的发展支持力度较大，其合作金融是半官半民性质的。

1. 组织体系

法国的合作金融体系总体上曾呈现出"半官半民"的特征，由三个不同层次构成，组织架构与德国有点相似。第一层是地方农业信贷互助银行，也称为农业信贷合作社，是整个农业信贷互助银行体系的最基层组织，带有很明显的地域性色彩，资金主要来源于农民、小工厂主及雇员等社员的自愿投入。第二层是省农业信贷互助银行，由若干个地方农业信贷互助银行联合组建。第三层是全国性的合作金融机构——法国农业信贷互助银行总行，也就是中央农业信贷银行，资金来源于政府财政拨款和中央银行以及社会团体的捐款。

2. 管理体制

法国农业信贷互助银行总行属于官方行政机构，是最高管理机关，直属领导机关有法国农业部和财政部，代表政府对整个农业信贷体系进行宏观管理和协调。省农业信贷互助银行处在基层互助银行与农业信贷互助银行总行的中间位置，起着承上启下的作用。省农业信贷互助银行是个半官办机构，不仅要对基层互助银行行使管理权，而且还要接受总行的监督。省农业信贷互助银行采用股份制的经营模式，有权自主决定业务经营，但其经理人选要由农业信贷互助银行总行任命。

3. 运行机制

农业信贷互助银行总行作为一个类似政府机关形式存在的金融机构，不面向客户提供简单的信贷业务，主要负责对各省级农业信贷互助银行提供资金支持、办理结算和内部稽核等多种业务。省农业信贷互助银行按照合作制的原则运营，拥有较大的管理自主权。最基层的地方农业信贷互助银行遍布法国各地，对入股社员实行"一人一票"的原则，充分体现了民主管理的特征，保持了很高程度的信用合作原则。

（四）日本的"二三三"模式

1945 年后，日本借鉴欧美国家的先进思想和成功经验，结合日本本国的实际情况，广泛推广合作金融业务，形成独特高效的农村合作金融体系。日本在农业协同组织的基础上组建了农村合作金融组织，逐渐成为推动经济发展的重要力量。

1. 组织体系

日本合作金融体系的模式是典型的"二三三"模式，其中的"二"是二重结构（政府投入和农民投入两种资金来源渠道），"三"是三个层次（基层农协信用组织、信农联和农林中央金库），另一个"三"是三个系统（农业、林业、渔业三大协同组合系统）。依附于农协系统的日本合作金融体系分为三个层次：最底层的基层农协信用合作组织、中间层的县（都、道、府）级协同组合信用联合会（简称信农联）、最上层的农林中央金库。在底层和中间层，又有三种不同行业的协同组合信用联合会，分别是农业协同组合信用联合会、渔业协同组合信用联合会和森林协同组合信用联合会。农户自愿入股参加基础农协的信用合作组织，农协入股参加县（都、道、府）级信农联，而农林中央金库又由信农联入股构成。三个层次之间由下而上参股，彼此间存在经济上的往来，但不存在上下级的隶属关系。整个合作金融体系内的三级组织都有各自的功能，实行单独核算、自主经营、自负盈亏。

2. 管理体制

日本对合作金融机构实施双重监管制度，政府金融监管厅监督和管理全国各级金融机构，全国和地方农林水产部门协助金融监管厅监管农村合作金融机构。农林水产省下设的金融科对农林中央金库进行监督和管理，农林水产省下属六个大区的农政局对辖区内的县信农联进行监督和管理，对各都、道、府、县农政部辖区内的农村合作金融机构进行监督和管理。此外，日本政府不仅在政策上给予合作金融大力支持，还配套建立农业保险制度、农村合作金融组织相互援助制度、灾害补偿制度等各种制度，出台规范合作金融组织行为的法规，有效保障合作金融系统的顺利运行。

3. 运行机制

农林中央金库作为全国信用合作事业的中枢，一方面负责协调全国信农联的资金活动，同时也负责指导信农联的工作；另一方面直接办理存款、放款、汇兑、委托代理等业务，有权发行农林债券，并可开办外汇业务。信农联负责调剂基层农协之间的资金余缺和指导基层农协的工作，并将剩余资金存入农林中央金库。基础农协的主要业务是直接为农户办理存贷业务，兼营保险、生产资料购买、农产品贩卖等业务。

第五节 创新 "三位一体" 信用合作模式破解农村金融服务难题的对策建议

破解农村金融服务难题，关键点不在于发展合作金融还是正规金融，而在于依托有效的合作组织载体，有效提升金融服务乡村振兴的水平。建议完善"农合联＋金融"服务模式，立足农合联组织平台把分散的新型农业经营主体联系起来，以"三位一体"农民专业合作社为依托，以建立"三位一体"信用信息平台为切入点，以"三位一体"信用评价体系和"三位一体"金融支持体系为杠杆，多措并举，有效缓解农村融资难，为全国提供可复制、易推广、可持续的农村金融服务模式（图5-3）。

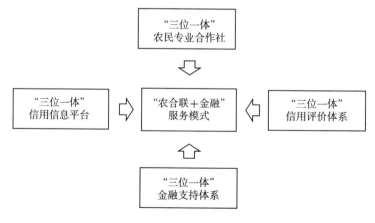

图5-3 "农合联＋金融"服务模式

（一）提升"三位一体"农民专业合作社发展水平

对农民专业合作社进行清理整顿及规范提升，将合作社吸纳为农合联服务对象，进一步提升"三位一体"合作社的服务水平。在生产方面，引导合作社以产品和产业为纽带，培育组建联合社、产业农合联，推进区域性联合、行业性联合、多主体融合。鼓励支持合作社延伸农业产业链、拓展新兴产业，把"三位一体"同农村电子商务、田园综合体等有机结合起来，促进农村一二三产业融合发展。在供销方面，依托农合联大力推进区域公共品牌建设，以品牌建设提升农产品市场竞争力。充分运用新媒体手段拓展"互联网＋"营销模式，支持农合联牵头搭建统一的销售平台，畅通合作社优质农产品销售渠道。在信用合作方面，重点支持在农合联会员单位、产业联盟、示范性合作社内部开展的资金互助服务。

（二）加强"三位一体"信用信息平台建设

发挥"互联网＋农业"优势，借助农合联组织载体，完善农村"三位一体"信用信息数据库，有效整合各类生产、供销和信用合作信息。将农民专业合作社的基本信息、信用等级、贷款授信和不良信用记录等内容统一收录到信用信息平台，通过平台全面系统地反映新型农业经营主体的资信状况、信用能力和信用素质等信息，提高信用信息数据采集效率。对分散在农业、工商、金融机构等部门的各类信用信息进行归集整合，实现农户及新型农业经营主体的可公开信息在金融机构、政府部门之间共享，破解新型农业经营主体融资难、融资贵、融资慢难题。

（三）构建"三位一体"信用评价体系

在"三位一体"信用信息平台信用信息采集的基础上，以农合联为依托，针对新型农业经营主体的特点设计客观、有效、合理的信用评价指标体系。将农民专业合作社纳入农村信用体系建设范畴，着力扩大信用评价覆盖范围，充分调动合作社参与信用评定的积极性。此外，扩大信息评价结果在"三位一体"农村新型合作体系内应用的深度与广度，农业部门要将信用评价结果作为示范社评定的依据；工商部门要将信用评价结果作为农产品著名商标认定的依据；各金融机构要将信用评价结果作为农合联会员信用贷款的依据，满足合作社及社员资金需求。

（四）完善"三位一体"金融支持体系

建立健全多层次的"三位一体"金融支持体系，切实解决新型农业经营主体融资难问题。首先，通过优惠政策和扶持措施，继续引导与支持农信担保公司为农合联会员提供融资担保，支持农信担保公司增资扩面和落实贴息补助政策。其次，鼓励和扶持保险公司创新政策性农业保险的范围和品种，扩大农业保险覆盖面。最后，依托"三位一体"信用信息平台，积极推进农合联与各金融机构构建战略合作关系，加大对新型农业经营主体的信贷支持力度，真正破解农村金融服务难题。

第六章

温州市产业扶贫长效机制构建研究

──●本章导读────

　　贫困是一个世界性的重大社会问题和现实难题，消除贫困是人类实现可持续发展的重要目标之一。国家对"三农"问题高度重视，产业扶贫这个课题的重要性日益凸显。2020年是全面建成小康社会和打赢脱贫攻坚战的收官之年，之后的减贫工作，将从消除绝对贫困转向解决相对贫困问题。以产业发展带动相对贫困农户增收是解决相对贫困问题的重要举措，也是精准扶贫迈向乡村振兴的根本路径。本章首先进行了产业扶贫的国内外文献综述。产业扶贫作为精准扶贫最主要的方式，是实现稳定脱贫的根本之策，一直受到学者们的广泛关注，相关研究集中在产业扶贫主要模式、产业扶贫实践困境和产业扶贫绩效评估三个方面。其次，总结温州市产业扶贫的第一产业带动模式、第二产业带动模式和第三产业带动模式的实践。在这一基础上，分析温州市产业扶贫存在的问题，归纳产业扶贫的国内外经验，以期为进一步推动温州市产业扶贫提供政策依据。最后，提出相关的对策建议，供市委、市政府决策参考。

第一节　引　言

　　贫困是一个世界性难题，缓解和消除贫困是人类实现可持续发展的重要途径。"发展生产脱贫一批"是中央精准扶贫"五个一批"之首，就是要通过发展扶贫产业带动贫困户脱贫致富，在我国扶贫战略中占有重要地位。党的十九大报告提出乡村振兴战略，产业兴旺作为乡村振兴战略中的首要目标，对于脱贫攻坚和乡村发展具有重要的意义。如果贫困地区和贫困人口的产业不能得到有效发展，贫困地区的脱贫问题难以从根本上得到解决。大力实施产业扶贫是贫困地区脱贫的根本之策，也是贫困户致富的有效途径。

国家对"三农"问题高度重视，产业扶贫这个课题的重要性日益凸显。习近平总书记在浙江主政期间提出要以"授人以渔"的方式助推产业扶贫，指出要立足当地资源禀赋和产业基础来实现浙江欠发达地区贫困户的增收脱贫。产业扶贫的成功实践使浙江成为全国率先完成脱贫攻坚任务的省份，也率先实现了从解决绝对贫困向主要缓解相对贫困的转型。2020 年是全面建成小康社会和打赢脱贫攻坚战之年，绝对贫困现象消除之后，相对贫困仍会长期存在。以产业发展带动相对贫困农户增收是解决相对贫困问题的重要举措，也是精准扶贫迈向乡村振兴的根本路径。因此，如何发展温州市产业扶贫具有重要的研究意义。

本书以温州市为研究对象，对其产业扶贫的情况进行分析。首先进行产业扶贫的国内外文献综述。其次，总结温州市产业扶贫第一产业带动模式、第二产业带动模式和第三产业带动模式的实践，在这一基础上分析温州市产业扶贫存在的问题，归纳产业扶贫的国内外经验，以期为进一步推动温州市产业扶贫提供政策依据。最后，提出相关的对策建议，供市委、市政府决策参考。

第二节　国内外文献综述

产业扶贫作为扶贫的主要模式和根本之策，目的在于充分发挥其"造血"功能，培育贫困区（贫困户）内生发展基因，增强经济发展的内生动力，激活农村发展潜能，阻断贫困发生的诱因，使贫困户获得可持续发展的能力（吴云超，2014）。我国经济的飞速发展推动了农村脱贫的进程，产业扶贫政策演变呈现显著的阶段性特点（表 6-1）。

表 6-1　中国产业扶贫政策演变（1949 年至今）

时　间	产业扶贫政策
1949—1977 年	计划经济体制下奠定产业扶贫基础阶段
1978—1985 年	国家经济体制改革下的农业产业扶贫阶段

时　间	产业扶贫政策
1986—1993 年	以工业产业为主的产业扶贫阶段
1994—2000 年	以夯实产业扶贫根基为主的产业扶贫阶段
2001—2010 年	培育式产业扶贫阶段
2011 年至今	产业精准扶贫阶段

贫困、反贫困和产业扶贫相关问题一直受到学者们的广泛关注，相关研究主要集中在产业扶贫主要模式、产业扶贫实践困境和产业扶贫绩效评估三个方面。

（一）产业扶贫主要模式

莫光辉（2017）把产业模式分为以传统的种植、养殖为基础的产业扶贫模式和旅游产业扶贫模式。从贫困户受益模式来看，国内普遍使用的是以"企业＋基地＋贫困农户＋合作社"为主要模板以及衍生出来的一系列模式。李荣梅（2016）认为我国的产业扶贫模式有三种，分别是"龙头企业＋农户"产业扶贫模式、"专业合作社＋农户"产业扶贫模式和"龙头企业＋专业合作社＋农户"产业扶贫模式，从实践来看，"龙头企业＋专业合作社＋农户"产业扶贫模式更符合当前的发展需要。张琛等（2017）通过对四个新型农业经营主体进行案例分析，发现新型农业经营主体通过创新农业经营模式和提供社会化服务实现贫困户脱贫。其中，新型农业经营主体创新农业经营模式主要增加贫困户工资性收入、财产性收入和转移性收入，而提供社会化服务促进了贫困户经营性收入的提高。林万龙等（2018）基于对河南、湖南、湖北、广西若干贫困县的调研，将产业扶贫活动总结为产业发展带动扶贫模式、瞄准型产业帮扶模式和救济式产业帮扶模式三种，强调瞄准型产业帮扶模式应成为产业扶贫的主要模式。郭晓鸣等（2018）基于铁骑力士集团"1＋8"扶贫实践的研究，发现产业链嵌入式扶贫既需要动员乡村内部力量，解决贫困户因能力不足、激励不够而导致的贫困户产业参与困难问题，也需要借助外部龙头企业的力量，解决对贫困户产业带动力量不够强劲、不可持续的问题。陈忠言（2019）基于云南省产业扶贫的实践，对比几种典型模式的扶贫绩效，得出"能人＋合作社"型扶贫模式的资金使用效率最高，本地投资主体比外地投资主体的扶贫绩效更加稳定和均衡,资源禀赋型扶贫项目比市场需求型扶贫项目整体扶贫绩效更好。因此,基层政府要根据自身比较优势、产业基础、人力资本等客观情况选择优势互补的组合模式以提升产业扶贫绩效。许汉泽等(2020)通过对 H 县"三个一"产业扶贫模式的研究,得出要通过党建引领与组织再造、贫困户参与和利益联结、资金注入和金融化运作以及生产资料的保值与增值的农村集体经济再造方式,促进精准扶贫与乡村振兴的有效衔接,即从"产业扶贫"向"产业兴旺"过渡。相对于自由市场扶贫模式、主体带动扶贫模式和小农扶贫模式而言,以党政主导再造新集体经济的产业扶贫模式具有更多优势。

(二)产业扶贫实践困境

李周清(2006)认为在产业扶贫中存在着大量的问题,如:产业项目大多相同、发展资金不足、粗放型的发展方式不可持续、有关产业知识方面的培训不足等。王国庆等(2017)通过对宁夏产业扶贫进行研究,认为存在产业规模小、结构单一、辐射能力有限,产业组织化程度低、品牌效益不明显、竞争力不强,人才稀缺、"空心村"现象严重、劳动力供需矛盾突出,资金投入欠缺、技术水平较弱、支撑发展后劲不足等问题。李志萌等(2016)以赣南革命老区为例,总结出产业扶贫中的四大矛盾:种植品种单一与农业生物多样性需求的矛盾,家庭分散经营与生产集约化、现代化需求的矛盾,扶贫产业链短与"接二连三"利益链延长的矛盾,单一融资模式(政府)与产业扶贫较大资金需求的矛盾。许其文(2019)以温州市苍南县为例,指出来料加工在发展过程中还存在加工场地缺乏、经纪人风险大、经纪人运转资金额扩大、安全生产问题、企业和经纪人诚信问题等发展困境。朱康对等(2008)指出虽然来料加工取得了一定成效,但是还存在来料业务来源渠道不畅、来料加工内部管理松散、相关管理无章可循等问题。张春美等(2016)认为乡村旅游精准扶贫发展面临的现实困境包括:资金短缺、识别对象偏差、扶贫难度大、贫困人口参与意识薄弱、旅游产品缺乏创新等,并提出吸收多元主体参与帮扶、调查摸底,精准识别、移民搬迁、技能培训、延长产业链、打造创意旅游等破解路径。舒小林(2016)以少数民族地区的旅游扶贫模式为研究对象,发现存在产业联动效应不高、容易因旅游业的"季节性和脆弱性"而出现"返贫"问题、不能够较好地发挥民族地区旅游资源优势等问题。邢成举（2017）认为产业扶贫实施过程中出现了扶贫"产业化"的现象。所谓扶贫"产业化"意味着产业扶贫的资金、资源和项目变成了扶贫工作参与主体谋取个体或部门利益的资源和资产，且具有利益一致性的主体之间还形成了俘获产业扶贫资源的配合关系。产业扶贫中扶贫"产业化"的出现源于扶贫工作中核心主体基于自身利益的考量，还与扶贫工作面临的结构性困境有关。林移刚等（2017）认为我国旅游扶贫实践长期采取的是资源驱动型的旅游开发方式，旅游生产要素不合理的配置与利用成为制约乡村旅游精准扶贫的因素。贫困地区应制定乡村旅游发展规划，合理配置各种旅游生产要素，提升劳动、土地和旅游资源等旅游初级生产要素利用效果。吴桂芝（2007）在对恩施州的农业产业化扶贫项目的调研基础之上，指出了有关龙头企业对贫困群众的带动效益不强、政府只是起指导作用的定位不准、产业化扶贫中后备力量不足等问题。胡振光等（2014）基于参与式治理视角发现，在践行参与式理念的过程中，完整的产业扶贫未能形成多元化的、多种主体参与的机制，从参与性上来看，政府、企业和农户都没有真正地融入其中。

（三）产业扶贫绩效评估

产业扶贫的最终目的是增加贫困户收入，那么现实中产业扶贫是否能增加贫困户收入？是否实现了减贫效应？Bigman et al.（2002）研究了印度的农村贫困问题以及产业扶贫在缓解贫困问题上的作用，着重介绍了以地理区位为导向的产业扶贫举措，提出了可行的实践理论与方法论。Craig et al.（2004）研究发现，企业利用"订单农业"可以为农户提供资金、技术、新品种以及产品销售等方面的服务，能够解决农户在资金、技术、信息等方面的问题，同时减少市场交易成本。Shaft et al.（2012）实证分析了巴基斯坦发展畜牧业对减贫的影响，研究发现巴基斯坦畜牧业产出与贫困之间呈双向因果关系。但是，这些研究并未形成"产业扶贫"这一明确的概念，也未将之单独视为一种扶贫模式与扶贫路径，而是更多地在产业发展与经济增长的减贫实现框架中展开讨论。朱康对等（2008）指出山区来料加工业已成为山区农村经济的一个重要组成部分和增加农民收入的主要途径，对于身有残疾的男性农民、难以脱身的农村妇女和搬迁下山的山区移民这三类农村弱势群体的增收脱贫具有积极的促进作用。王晴（2014）以西藏当雄县为研究对象，研究民族地区旅游机制选择与绩效评价，通过对居民发放调查问卷并采用因子分析的方法，研究居民对旅游扶贫的感知和参与度，最终发现旅游扶贫对当熊县的经济、社会、生态均产生有益影响。郭洁钰（2018）以山西省岢岚县为例，对高原区域特点和特色产业进行了分析，提出要扎实推进"一村一品一主体"产业扶贫政策和"五位一体"金融扶贫政策全面落实，针对产业扶贫行动的目标定位，开拓了金融扶贫、产业扶持、异地搬迁、生态保护、教育提升、保障兜底六大脱贫路径，大力发展红芸豆、马铃薯、沙棘、蘑菇、猪、羊六大扶贫产业，确保贫困户增收脱贫。刘卫柏等（2019）通过对贵州省 3 个民族自治贫困县 341 户贫困农户的实地调研，发现产业扶贫项目在增加贫困农户的特色农产品种植收入、特色畜禽养殖收入和总收入以及降低贫困农户外出从事非农务工收入方面具有较明显的作用，对增加经商活动收入和贫困农户人均收入的促进作用并不明显。沈宏亮等（2020）利用内蒙古、山西、黑龙江 3 省（自治区）4 县 2 582 户贫困户调查数据，发现产业扶贫显著增加了农户人均收入，但对总收入影响不显著。在收入结构上，显著增加了财产性收入，对经营性收入和转移性收入影响不显著，明显降低了工资性收入。从农户属性看，产业扶贫对一般户、低保户与五保户收入影响程度存在差异。谭永风等（2020）利用陕西省秦巴山区 776 户农户调研数据，发现农户参与产业扶贫项目能有效缓解贫困脆弱性，相较于未参与农户，参与农户贫困脆弱性显著降低。进一步研究表明，市场不确定性显著抑制农户参与产业扶贫，且加深了农户贫困的脆弱性。

第三节　温州市产业扶贫的主要模式与特点

温州市是我国民营经济的重要发祥地，也是改革开放的先行区，又是贫困山区、革命老区、少数民族集聚较多区域，位于浙南闽北交界处，全市常住人口为 930 万人，农村人口为 274.4 万人。2019 年，温州实现地区生产总值 6 606 亿元，农业总产值 240 亿元，其中，第一产业 152 亿元，第二产业 2 812 亿元,第三产业 3 642 亿元。近年来,温州市委、市政府结合本市实际,认真贯彻落实中央、省、市扶贫开发工作决策部署,全力推进精准扶贫、精准脱贫。温州在 2015 年底与全省同步消除了"4 600 元以下"绝对贫困现象,永嘉、平阳、苍南、文成、泰顺等 5 个欠发达县全面摘帽,全市扶贫已经从消除绝对贫困进入巩固脱贫成果和减缓相对贫困的阶段。温州山区产业基础薄弱、区域发展不平衡、相对贫困农户数量多,大多相对贫困农户分布在经济相对落后的偏远山区。在最新的低收入农户动态监测中,全市低收入农户为 14.5 万人,主要集中在永嘉、平阳、苍南、文成、泰顺等地区,各县(市、区)低收入农户分布情况如表 6-2 所示。由表 6-2 可知,温州市相对贫困问题在一些山区县较为突出,长效脱贫任务依然艰巨。

表 6-2　温州低收入农户地区分布状况(截至 2020 年 11 月末)

温州市各县 (市、区)	低收入农户 户数(户)	低收入农户 人口数(人)	低收入农户 户数比重 (%)	低收入农户 人口比重 (%)
鹿城区	1 111	1 873	1.28	1.29
龙湾区	1 145	2 131	1.32	1.47
瓯海区	3 010	5 128	3.47	3.54
洞头区	1 189	1 996	1.37	1.38
永嘉县	15 879	28 529	18.29	19.67
平阳县	14 044	22 286	16.17	15.36
苍南县	13 576	23 661	15.64	16.31
文成县	8 937	12 169	10.29	8.39
泰顺县	8 498	13 959	9.79	9.62
瑞安市	6 981	11 524	8.04	7.94
乐清市	8 468	14 168	9.75	9.77
经济技术开发区	412	720	0.47	0.50
龙港市	3 383	6 517	3.90	4.49
瓯江口新区	195	392	0.22	0.27
合计	86 828	145 053	100	100

数据来源:温州市农业农村局。

针对这一现象，温州市深入实施"产业开发帮扶行动"，坚持把产业扶贫作为扶贫开发的重点，围绕第一产业、第二产业、第三产业创新发展产业扶贫模式，切实提升相对贫困农户自我"造血"能力，有效拓宽了相对贫困农户增收渠道。

（一）以特色农业产业为特点的第一产业带动扶贫模式

这是源于立足资源禀赋，探索劳动密集型特色农业产业带动相对贫困农户增收的模式。特色农业产业作为劳动密集型产业，种植、养殖、加工、销售各环节需要大量的劳动力，贫困人口可以通过参与不同环节的劳动获得收入，为有劳动能力的相对贫困农户实现稳定脱贫提供了农业就业脱贫条件。温州针对相对贫困农户自身的特点，大力培育特色产业，探索产业扶贫长效机制，带动相对贫困农户脱贫致富。首先，因地制宜做规划、选产业、定项目，实施"一村一品"产业推进行动。着力发展第一产业中的茶叶、杨梅、竹木、畜牧、蔬菜、花卉、中药材、中华蜂、水产养殖等主导产业，大力扶持糯米山药、红心猕猴桃、食用菌等一批特色生态产业，重点打造温州早茶、温州瓯柑、温州大黄鱼、雁荡山铁皮石斛、文成糯米山药等区域公用品牌。其次，支持农产品精深加工，健全农产品产销稳定衔接机制，延长产业链、提升价值链、优化供应链、构建利益链、拓宽增收链。积极推进扶贫创业就业示范中心建设，积极培育农业龙头企业和农民专业合作社及农业社会化服务组织等各类新型农业经营主体，切实解决相对贫困农户在信息、技术、产品销售等方面的困难。最后，探索"互联网＋农业＋精准扶贫"模式，将优质的特色农产品进行网上销售，促进电商与特色农业产业融合发展，进一步提高本市特色农业的竞争力，拓宽了增收渠道，同时也带动了现代物流服务业的发展。第一产业带动模式使贫困户融入特色产业，探索长效扶贫与脱贫路径，拓宽了相对贫困农户就业增收渠道，减贫成效较明显。例如，温州市泰顺县提出了"以蜂业发展促精准扶贫"的发展思路，将蜂产业作为该县今后发展绿色畜牧业、推进生态循环农业发展、促进农民增收、实现精准脱贫的重要产业来抓；整合产业扶贫政策，先后实施了蜜蜂产业振兴、省财政支持农民专业合作社发展等一批项目，采用"合作社＋基地＋农户"精准扶贫模式大力发展中蜂产业，对相对贫困农户进行技术指导，免费提供蜂种、蜂箱，采取产前实地调查、产中技术指导、产后保护价回收的全程跟踪形式，解决蜂农后顾之忧，带动相对贫困农户每户每年增收 3 600 元以上。又如，瑞安市发展壮大一批农民专业合作社，扶持提升一批特色产业基地，农民专业合作社和特色产业基地覆盖相对贫困农户 1.5 万户，联动产业基地 3 万亩，年均开展产业技术培训 400 人次，都对农户减贫增收产生了明显成效。

（二）以来料加工为特点的第二产业带动扶贫模式

这是源于大力发展来料加工产业，探索第二产业带动相对贫困农户增收的模式。来料加工属于劳动密集型产业，其就业门槛低、成本投入少、技术要求低、吸纳就业多、可行性强，虽然层次并不"高大上"，但带动相对贫困农户增收效果特别突出，是为老、弱、病、残等特殊群体"量身定做"的产业。温州大力发展来料加工，探索第二产业对相对贫困农户持续减贫与增收的长效机制。在产业扶贫政策支持下，温州来料加工助力精准扶贫成绩是显著的，来料范围不断扩大，来料加工门类不断拓展，目前已形成激光雕刻、小工艺品、服装皮革、五金加工、移印、丝印、电器、电子、无纺布等数十类、几百种产品的行业。农村经纪人接到订单后，把原料或者半成品分给农户，组织形式有分散加工、集中加工以及"分散＋集中"三种，使得一批难以外出的山区农民可以获得劳务收入。一年区区几千块钱来料加工费收入，对于城镇居民而言绝对是一个小数目，但对于农村低收入弱势群体来说，却是一笔非常可观的收入。从温州长期以来的扶贫实践情况来看，来料加工业作为有重大社会意义的扶贫产业，符合绿色发展理念、具有环境上的可持续性，是助推农村山区困难群体实现增收脱贫的有力抓手。来料加工助力扶贫取得了显著成效，既促进了相对贫困农户就地就近就业增收，又缓解了企业用工荒难题。例如，温州市文成县大力推广"来料加工经纪人＋电子商务"运营模式，带动相对贫困农户近 1 千多人，且呈现不断增长的趋势。温州市泰顺县设立加工点 1 328 个，经纪人达到 1 388 人，带动相对贫困农户 2 万多人。

（三）以休闲产业为特点的第三产业带动扶贫模式

这是源于深挖旅游资源，探索乡村休闲产业带动相对贫困农户增收的模式。乡村休闲产业，尤其是民宿与农家旅游业，基本上是劳动密集型的产业，并且投入低、见效快、风险小，能够吸纳大量农村富余劳动力，是扶贫开发中的重要载体。温州市牢牢抓住城市居民对乡村多类型生态的向往，积极发展乡村休闲产业，探索第三产业带动脱贫长效路径，加快相对贫困农户脱贫致富。温州经济发达、风景秀丽、历史悠久、文化鼎盛，乡村休闲产业以世界遗产"雁荡山"、国家AAAAA级景区"楠溪江"、文成刘基文化旅游区、泰顺温泉谷旅游集聚区等众多著名景区依托，致力于让"绿水青山"成为相对贫困农户增收的"金山银山"。全市乡村休闲产业除了传统的乡村农家乐外，还有农业观光园、历史文化村落、农业胜景、休闲采摘、民宿、生态农业综合体、度假村等多种形式。相对贫困农户增收脱贫的途径有：①直接以主营业主身份参与乡村旅游产业获取经营收入（住宿、餐饮、导游、向导、纪念品等）；②受聘于乡村旅游接待服务企业获取劳务收入；③直接出售乡村原生态的高值农产品（特色杂粮、山区干果等）或高值土特产品（山野菜、山菌、蜂蜜）；④出租或流转乡村旅游资源直接取得收入。例如，温州市永嘉县精心打造了琳琅满目的乡村游"产品"，深入挖掘夜间乡村旅游资源，聚焦当地的岩头中国历史文化名镇、石桅岩—龙湾潭景区、大若岩—永嘉书院景区等资源，投资20多亿元，谋划了8个"夜经济"项目，把"美丽乡村"转化为"美丽经济"，让游客夜间留得住、农户夜间能创收，打造的楠溪江滩地音乐公园和丽水街两个项目已成为"夜经济"的网红打卡地。在美丽乡村"夜经济"的助推下，2019年上半年永嘉县相对贫困农户人均可支配收入增幅达13.2%。温州市文成县依托"侨家乐"乡村休闲旅游品牌打造脱贫增收新引擎，截至2019年底，"侨家乐"累计接待游客5.2万人次，实现旅游总收入超过5 000万元。2019年，温州市乡村休闲产业接待游客4 486.2万人次，总收入达到25.9亿元。

（四）三次产业扶贫模式与路径的比较

对上述三次产业扶贫模式进行对比（表6-3），可以发现，三种类型产业扶贫模式都拓宽了相对贫困农户的增收渠道，甚至能够带动一部分相对贫困农户致富。其中，第一产业带动模式依托良好的农业产业基础，以培育壮大特色农业产业的方式，进行产业扶贫长效脱贫的路径探索；第二产业带动模式利用乡村闲散农村劳动力资源发展来料加工产业，强化了产业扶贫，逐步建立起稳定的脱贫路径；第三产业带动模式则是结合丰富的乡村休闲旅游资源，推进乡村旅游产业发展，形成第三产业扶贫发展路径。

表6-3　温州三次产业扶贫模式和路径比较

产业扶贫模式	前提条件	发展路径	扶贫效果
特色农业带动	良好的农业产业基础	农业产业基础—特色农业—产业扶贫	周期长、成效慢、可以连续
来料加工带动	闲散的农村劳动力资源	闲散劳动力资源—来料加工—产业扶贫	周期短、成效快、不可连续
休闲产业带动	丰富的乡村旅游资源	乡村旅游资源—乡村旅游—产业扶贫	周期短、成效慢、可以连续

第四节　温州市产业扶贫存在的问题

实地调查发现，温州在产业发展带动相对贫困农户增收方面做出了有益探索，取得了显著成效。但要实现省委、省政府提出的"两个高水平"目标，还存在诸多的限制因素，这对温州市产业扶贫工作造成了一定的困难，主要体现在以下五个方面。

（一）自我造血能力较差

由于相对贫困农户总体上年龄老化、文化程度不高、能力偏弱，以产业发展带动脱贫还面临增收渠道相对狭窄、收入来源比较单一的困局。通过走访和问卷调查发现大部分农村劳动力严重不足，青壮年劳动力流失越来越严重，老弱病残成了农村的主要劳动力。据不完全统计，全市从事农业的90多万人中，50岁以上的劳动力所占比重超过60％。温州农村人口的普遍素质相对不高，高素质技能型人才更是严重缺乏。虽然部分地区有农村精英，但其中一部分农村精英存在技术水平不高、思想观念滞后、大局意识不强等问题，带头引领和示范作用难以充分发挥。此外，温州大多数相对贫困农户局限于第一产业，难以从经济效益好的特色农业项目中受益。而且，第一产业中的"名特优新"农产品竞争越来越激烈，技术含量也越来越高。小规模、小面积的种养业效益大大降低，传统粗放型发展方式的种养业在生态建设中已逐步被淘汰。第二产业中的来料加工业是相对贫困农户在家门口就地就近就业、实现增收致富的重要途径，但是随着生产规模缩小、劳动密集型产业订单减少、用工需求收缩，吸纳相对贫困劳动力就业有限。乡村旅游作为促增收的新业态，参与者大多是文化素质较高、自身能力较强、资本实力雄厚的青壮年农民，相对贫困农户参与度较低。

（二）乡村产业基础薄弱

温州市各县（市、区）初步形成了特色优势农产品区域布局，产业带动相对贫困农户能力持续提高。但是，仍然未能真正做到因地制宜、因人制宜、一村一品、一乡一业。农业具有生产周期长、生产季节性强、投资回收期长等特点，不仅要承受市场波动带来的经济风险，还要承受各种自然灾害的威胁，难以吸引社会资本投入。例如，在瓯海泽雅调研时发现，油茶种植一般需要3~4年的生育周期，而且前期投入成本较高。温州特色农业产业发展处于起步阶段，产业规模小、产业链条短、规模效应弱、品牌效益差、主导产业优势不明显，市场竞争力不强，很难对相对贫困户产生带动效应。来料加工经纪人队伍发展还不够成熟，教育培训明显不足、人员素质参差不齐、组织化和信息化程度不高，对相对贫困户增收带动作用不明显。乡村旅游同质化严重，开发存在盲目模仿、缺乏创新的问题，与一、二产业融合不够，游客体验性不佳。温州乡村旅游所出售的农副产品、手工艺品并无特色，各个景区所售卖的产品与中国绝大多数景区一样，差异性不够大，导致对消费者的吸引力不足，这在一定程度上制约了乡村旅游业的发展。在永嘉调研中发现，乡村夜经济与农家乐、民宿一样，业态单一、"乐"趣不足。此外，乡村旅游产业需要提前投入较多的资金，实际情况是能够领办这些项目的往往是农村的能人大户，大多数的相对贫困农户由于缺乏资金、人力或技术等，对于乡村产业发展有心无力或者有力无心，真正在乡村产业发展中受益的大多还是能人大户等富裕群体。

（三）公共基础设施缺乏

虽然温州经济发展较快，但是受自古相对封闭的地理环境限制，公共基础设施历史欠账较多，尤其是农村地区的基础设施不完善成为产业发展带动相对贫困农户脱贫的最大障碍，停车场、道路、交通系统、文化设施等极不完善。温州地处丘陵地带，素以山多著称，人均道路面积低，全市尚有1 000多个自然村未通公路，文成、泰顺的高铁站仍未建成且文泰高速尚未全线通车。永嘉、文成、泰顺等地水电供应不稳，一旦到了旅游旺季或遇到恶劣天气，停水、停电情况时有发生，生产生活垃圾和污水处理设施也不足。以瓯海大罗山风景区为例，虽然与温州市区距离较近，但由于公路窄、断头路多、公厕厕位不足、停车场数量少，导致每逢周末、节假日拥堵异常，基础设施建设落后严重影响了大罗山乡村旅游业的发展，同样的情况也发生在洞头景区。在苍南富源村调研中发现，该村完善了千亩特早熟蜜柑产业，实现蜜柑产业规模发展，积极开展采摘游活动；着力突出畲族特色、展示畲家风情、体现畲乡风景，发展浙南特色畲寨风情旅游，推动村集体经济不断发展和相对贫困农户增收致富。但由于受到"永久基本农田"土地保护问题困扰，在发展特色产业和乡村旅游产业时遇到公共配套设施、住宿餐饮业配套设施用地指标受限的困境，该村来料加工点用地指标也受到明显制约。

（四）利益联结效果欠佳

温州新型农业经营主体的发展、工商资本（企业）的进入对带动相对贫困农户增收脱贫具有重要作用，涌现出乐清大荆下山头村、永嘉南陈温泉项目等农企利益联结机制的成功典范。例如，乐清大荆下山头村成立聚优品生物科技有限公司，以铁皮石斛为依托打造田园综合体，村民以仅有的土地入股，公司付租金和股金。村民土地流转有租金，项目盈利有分红，让企业、村集体和村民三方得益。但在现实中产业扶贫也存在精英俘获现象，存在新型农业经营主体与相对贫困农户联结不紧密问题。产业发展红利被少数人所占有，相对贫困农户大多处于产业链的最低环节，受益不多，导致政府通过产业扶贫促进贫困群体脱贫增收的目标发生了偏离。此外，相当一部分新型农业经营主体、贫困户难以从农业产业化联合体获得授信。比如，苍南蒲城葡萄种植户大部分不从葡萄产业农合联贷款，靠自有资本发展或向农商银行贷款。从实际情况来看，很多农业龙头企业、农民专业合作社、家庭农场等新型农业经营主体经营规模小，真正能发挥辐射带动作用的新型农业经营主体数量少，辐射带动能力有限，制约了产业扶贫的效果。

（五）帮扶合力形成不足

一是产业扶贫信息共享不足。产业扶贫工作涉及环节多、参与部门多，现阶段温州各个部门之间资源整合不够，产业扶贫信息与土地、产权、户籍管理、医疗救助、农村低保、新农保等信息未实现互通互联和数据共享，数据"孤岛"在一定程度上制约了产业扶贫政策的精准成效。从职能部门来看，温州各部门之间的协调和配合能力仍有待加强，对相对贫困农户在资金获取、技术交流、项目协作、市场营销、技能培训等方面的扶持力度还需要加大。从社会力量来看，温州产业扶贫合力攻坚力量分散，尚未形成党政齐抓共管、社会各界广泛参与的大扶贫工作格局。二是基层产业扶贫力量薄弱。温州绝大多数贫困村干部兢兢业业、任劳任怨、甘于奉献，但有的村没有配备扶贫专干或者村干部年龄偏大、学历不高、办法不多，基层产业扶贫力量不足，产业扶贫系统建设有待进一步完善。此外，仍有部分基层党员干部素质和能力低下，创新推动产业扶贫力度不够，基层党组织战斗堡垒作用发挥得不够充分，产业扶贫政策落实"最后一公里"问题依然存在。三是产业扶贫资金无法集聚。欠发达地区由于受地理的、历史的、主观的、客观的因素影响，经济发展相对滞后，财政基础薄弱，对产业扶贫的投入严重不足，很难发挥财政杠杆作用，吸引要素集聚能力不强。

第五节 国内外经验借鉴

（一）国内经验借鉴

本书选取了中药材产业扶贫模式、来料加工扶贫模式、乡村旅游扶贫模式三个案例作为我国其他地区产业扶贫的典型案例进行研究。之所以选取这三个产业扶贫案例作为典型案例进行研究，主要是因为这三个案例正好对应温州农村三次产业扶贫模式，有利于帮助温州解决在产业扶贫工作中遇到的类似困难，可以为温州精准扶贫工作提供一些有益的参考和借鉴。

1. 河北省中药材产业扶贫模式

一是挖掘山区特色资源。河北省地处华北平原，是传统的中药材生产大省，中药材资源十分丰富。据不完全统计，河北省拥有中药材资源1 700余种，大宗品种50多种，闻名全国的道地药材有30余种，其中"八大祁药"以及热河黄芩、西陵知母、巨鹿枸杞、黑柴胡、金银花等都是河北省特色道地药材。河北省充分利用中药材资源开展中药材产业扶贫，实现由"输血式"向"造血式"转变，中药材种植已成为当地贫困群体的重要收入来源。目前，河北省人工栽培药材约100多种，中药材扶贫产业种植面积达262万亩，由于当地特色中药材品质优良，当地中药材产品畅销国内甚至远销海外，年产值高达100亿元，大大增加了当地贫困群体的收入，中药材产业成为贫困地区实现脱贫的重要途径。

二是优化区域产业布局。河北省因地制宜、科学布局中药材产业发展，形成了冀中平原产业区、冀南平原产业区、坝上高原特色药材产业区和太行山中药材产业带、燕山中药材产业带"三区两带"产业发展格局，确保了中药材原料的稳定供应，提升了中药材产业扶贫能力，防止脱贫户返贫。促进道地药材向最佳生产区域集中，建成了巨鹿县、隆化县、滦平县、安国市、青龙县、邢台县、围场县、蔚县等十大道地中药材产业县，中药材产业区域布局和规模化种植优势愈发明显，提高了中药材产业扶贫能力，增加了当地农民的收入，带动了贫困地区农民持续脱贫增收。

三是推进药材品牌建设。目前已有安国祁紫菀、祁菊花、涉县柴胡、巨鹿金银花等获得国家地理标志登记保护；灵寿丹参、涉县柴胡、青龙"祖山柴胡"被授予国家地理标志商标；涉县连翘、灵寿丹参、巨鹿金银花、唐山金银花等获得有机农产品认证。注册中药材商标近40个，药材品牌化逐步形成，且在全国的知名度和影响力不断提升，有效提升了中药材竞争力，促进了当地贫困户的增收致富。

2. 山东省台儿庄来料加工扶贫模式

山东省枣庄市是一个能源供给不足的城市，为提高农民的收入水平，枣庄市提出在农村发展来料加工业，并决定率先在台儿庄区开展来料加工试点。台儿庄区政府高度重视、大力扶持来料加工业发展，2009年发起"来料加工基地"建设惠民工程，推进产业扶贫，辐射带动低收入农户和农村留守妇女通过来料加工实现就业增收。

一是促进农民增收。为了推进来料加工产业发展，台儿庄不仅成立了农民就业办公室，而且还开设了台儿庄农民就业网，并设立了义乌来料加工联络处。台儿庄出台了相关的扶持政策及奖励办法，对低收入农户从事来料加工予以扶持，助力精准扶贫。此外，注重技能培训，通过组织来料加工技能培训和技能指导、开展来料加工技能大赛等多项措施，切实增强低收入群体"自主造血"功能。目前，台儿庄来料加工业务已覆盖全区所有村居，加工品种有玩具、服饰、十字绣等 80 多个品种。台儿庄人均年收入在 6 000 元以上，年发放来料加工费过亿元。

二是改变产业结构。按照区域化布局、规模化发展的思路，调整农业产业结构，培育农村主导产业，打造"一村一品、多村一品""一镇一业、一镇多业"的来料加工产业发展格局，大力促进低收入群体脱贫增收。为更好地带动低收入农户增收，把"小加工"做成"大产业"，台儿庄区直机关部门、镇（街道）、机关党员干部与特色加工专业村结成"一对一"联系帮扶对子。来料加工由农户零散加工向乡村专业加工转变，并逐渐向规模化、专业化、工厂化方向发展，全面提升了来料加工产业水平，促使更多的农村剩余劳动力能够就地就近就业。为提升来料加工产业层次，着力打造加工产品自主品牌，张山子镇以台儿庄古城景点为背景，开发"十字绣"系列产品，在工商部门注册了"天下第一庄"商标，有效促进了来料加工业的发展。

3. 陕西省袁家村乡村旅游扶贫模式

袁家村是陕西省的一个小山村，位于礼泉县烟霞镇，全村共有 62 户286 人，仅有耕地面积 660 亩，历史上是个干旱贫瘠、资源匮乏、产业空白的典型贫困村。在村干部的带领下，袁家村通过发展乡村旅游走上了脱贫致富的道路。先后荣获"国家 4A 级旅游景区""全国文明村镇""中国十大最美乡村""中国十佳小康村"等国家级荣誉，一跃成为中国乡村旅游的第一网红村。

（1）袁家村的乡村旅游扶贫模式。袁家村党支部充分发挥战斗堡垒作用，带领村民大力发展乡村旅游产业，实现全村村民脱贫致富。袁家村先是兴办农家乐、修建老街，后来又建设小吃街、扩建作坊，带动邻村村民共同致富。随后又陆续建设了酒吧街、艺术街、时尚街等适合夜间经济的街区，致力打造"月光下的袁家村"，把以吃为主的"农家乐"办成了集吃、住、行、游、购、娱于一体的关中印象体验地。此外，专门创立股份制合作社，平衡村民的收入差距，实现"全民参与、股份共享"。袁家村的扶贫工作始终以村民为主体，为其提供就业创业机会，定期进行技能培训，实现村民自我发展和乡村振兴。在脱贫致富的不同阶段，袁家村村民享有公平参与乡村旅游产业发展的机会，通过乡村旅游产业开发，拓展经济收入来源，摆脱贫困生活。

（2）袁家村的乡村旅游扶贫效果。通过发展乡村旅游，袁家村带领村民走上了脱贫致富的道路，乡村旅游扶贫给贫困户提供了大量就业岗位，大力改善了农村居民的生活条件，有效盘活了农村闲置资源。首先，袁家村的乡村旅游扶贫工作提高了村民人均收入水平。目前，袁家村年接待游客量达600万人次以上，年收入超过10亿元，吸纳3 000多人就业，辐射带动周边10个村发展，乡村旅游扶贫发展取得了显著成效。其次，村民直接或间接从事乡村旅游服务工作，极大地提升了袁家村村民的整体素质，这也成为判断乡村旅游扶贫效果的重要因素。此外，袁家村在发展乡村旅游扶贫的同时，不断提高村民保护生态环境的积极性和主动性，将乡村旅游业对生态环境的消极影响降到最低。

（二）国外经验借鉴

贫困是一个世界性的难题，无论是发达国家还是发展中国家，都在一定程度上存在着一些贫困现象，各国和地区都在为解决贫困问题采取相应的减贫举措。美国、法国、印度等国家通过制定针对性的产业扶贫政策，在反贫困领域积累了一系列有益的经验，对我国推进产业扶贫具有重要的参考价值。

1. 美国

美国是强大的发达国家，面临的贫困问题是相对贫困。美国经济实力雄厚、福利政策完善，相对贫困人口衣食无忧。美国产业扶贫模式具有两大明显特征。第一，建立了产业扶贫开发的专门机构。在提高劳动力素质、兴建公共设施、重视环保、支持中小企业发展等方面实施援助项目，以增强落后地区的自我发展能力和促进落后地区的产业发展。第二，美国政府坚持适度干预的原则。美国在落后地区的产业发展中开展能源项目、重点商业项目、社区项目、住房项目等农村发展项目，并加大对农村发展项目的信贷支持力度，改善农民的生活质量和创造经济发展机会。

2. 法国

法国产业扶贫模式的突出特点是依托一系列经济政策，合理开发利用贫困地区的资源，有效提升贫困地区自身"造血"能力。第一，推进产业结构调整。加快贫困地区农业产业化经营及产业结构调整步伐，并实施贫困地区的产业调整援助政策和金融支持产业发展政策。第二，高度注重区域规划，重点帮扶贫困程度深的地区。法国根据经济计划区制定了地区行动计划，这与我国的"整村推进"扶贫开发模式较为类似。第三，实施税收优惠政策。法国政府通过退税方式支持一些特定地区和特定产业的发展，中央政府代替那些无纳税能力的企业或自然人向地方政府交税。

3. 印度

中国、印度两国同为发展中国家，两国在产业扶贫方面具有一定程度的相似之处，印度产业扶贫的经验对中国具有一定的借鉴意义。印度在推动贫困地区发展壮大产业时，充分发挥产业扶贫中的政府主导作用，制定了许多产业扶贫政策，采取了众多产业扶贫措施。第一，加大对贫困地区的资金支持力度。印度政府根据贫困地区的经济落后程度，通过税收分成、赠款及优惠贷款等方式进行了一系列资金援助活动，提高了贫困地区自我发展能力。第二，采取一系列优惠政策。印度政府在税收优惠、投资补贴、运输补贴等方面出台优惠政策，推进贫困地区的产业发展，让贫困户实现稳定脱贫。

第六节　温州市产业扶贫的对策建议

产业扶贫是激发相对贫困农户内生动力的根本手段，是打赢脱贫攻坚战和实现乡村振兴的治本之策和长久之计。绝对贫困现象消除之后，相对贫困现象还会长期存在。在"十四五"时期，乡村发展的关键是巩固脱贫成果、防止返贫，推动脱贫攻坚和乡村振兴实现有效衔接。温州市需要立足相对贫困农户的特点，因人因地制宜构建产业扶贫长效机制，带动相对贫困农户脱贫致富。

（一）推动产业扶贫人才队伍建设

一是加强贫困主体培训。文化水平低、无一技之长是挡住相对贫困农户增收的关键门槛，要将产业扶贫与扶志、扶智相结合。建议相关部门牵头，联合温州本地的一些高校，针对农村贫困劳动力深入展开详细调研。并且依据调研结果，在摸清相对贫困农户就业、创业需求的基础上，结合特色农业、来料加工、乡村旅游产业发展特点，有针对性地实施精准培训，解决相对贫困农户"缺技能"的难题，增强其自我脱贫能力，实现"培训一人，就业一人，脱贫一人"。

二是树好先进典型。要选好、树好一批产业扶贫先进典型，使相对贫困农户转变观念、掌握技术，增强致富的信心和决心，再评选一批"扶贫团队""扶贫先锋""脱贫之星"、市县精准扶贫典型示范村，营造"谁脱贫、谁光荣"的良好社会氛围。充分利用报刊、电视等传统媒体和"两微一端"等新媒体平台，加大宣传力度，通过典型榜样的引领不断激发相对贫困农户的内生动力。

三是加强人才培育。推进全面脱贫与乡村振兴的人才衔接，培育高素质农民，引导大学生回乡创业，推行乡村振兴指导员制度，抓实科技特派员活动，努力打造一支带动产业扶贫的"三农"人才队伍，推进产业扶贫与人才的衔接。用好世界温州人大会成果，深入挖掘乡贤人才资源，积极支持海外乡贤、海外华侨投身乡村振兴。重视乡村精英在产业扶贫中的作用，加大对乡村精英的扶持力度。可参考借鉴江苏溧阳市乡土人才扶持政策的做法，每三年组织选拔"优秀乡土专家"，每年组织选拔"乡土专家"，分别给予一次性奖励 10 万元和 1 万元，进一步让乡村精英扎根农村，为乡村产业致富带头人的高效选育奠定坚实基础。

（二）夯实产业扶贫发展根基

一是重视业态多样发展。产业发展是脱贫攻坚和乡村振兴的关键，要实现两者的有效衔接，就要精心做好产业选择。以农产品精深加工为主攻方向，进一步延长产业链、提升价值链、拓宽增收链，使相对贫困农户不局限于传统的生产环节当中，还可以参与到农产品的产前、产中、产后各个环节当中。推动农村一二三产业融合发展，发展脱贫带动能力强的特色产业，不仅要发展农（渔）家乐、民宿、生态农庄等新业态，还要支持"土字号""乡字号"等传统产业发展。大力开发农业多种功能，着力打造休闲观光农业、民宿发展集群、创意农业、农村电子商务等各类产业，吸引相对贫困农户就近就业创业。在注重多业态发展的同时，也要科学布局，避免低水平建设、低层次重复、同质化无序竞争，做到各类型的乡村产业共同发展。

二是重视区域品牌建设。欠发达地区往往有良好的生态资源，但由于知名度不够，产品和服务往往不能体现生态溢价。因此要特别重视区域产业产品品牌建设，建立政府主导、企业运作、融入小农的品牌营运体系，提升扶贫产业盈利能力和市场竞争力。支持地方以龙头企业和行业协会为依托，打造区域性特色品牌。细分绿色有机和无公害农产品品牌，建设乡村旅游品牌，增加贫困地区产品市场竞争力，促进相对贫困农户增收。

三是重视产业融合发展。可以借鉴四川等地的做法，创建扶贫产品公益性集体商标，提升扶贫产品附加值。加快发展乡村旅游、红色旅游、体育旅游、研学旅游等旅游新业态，推进扶贫产品转化为旅游商品。依托温州特有的山水资源、多样的地形地貌、深厚的人文底蕴、良好的生态环境，延长乡村旅游产业链。借鉴旧金山的渔人码头、东京的涉谷街头、首尔的夜猫子超市、泰国的魅力曼谷等夜经济品牌的成功经验，总结美丽乡村夜经济永嘉经验，构建夜游、夜宿、夜宴、夜赏、夜娱"五夜"产品体系，统筹美丽乡村夜经济和特色种养业、农产品精深加工业、餐饮业、商贸流通、客运交通、节庆会展等相关产业，出台相关政策支持夜经济发展，为乡村产业高质量发展增添新的活力。

（三）完善产业扶持政策体系

根据乡村振兴战略总要求，加大产业扶持政策供给，相对贫困农户户均产业支撑资金达到 2 万元左右。借鉴浙江淳安县的做法，对带动相对贫困农户增收的村级集体经济组织和新型农业经营主体给予相应的补助。具体来说，扶持标准包括鼓励集体经济薄弱村发展产业基地增收项目，按每个项目不低于项目总投资额 40% 的比例给予补助，其中产业基地劳务用工优先安排本集体经济组织中的相对贫困农户，项目产生效益的 40% 必须分红给本集体经济组织中的相对贫困农户；支持新型农业经营主体通过吸纳土地、资金等要素入股或吸纳相对贫困农户就业等方式，带动相对贫困农户发展生产，对脱贫带动能力强的新型农业经营主体按当年实际情况给予补助，最高不超过 2 万元；鼓励相对贫困农户抱团发展，对相对贫困农户抱团发展的产业项目给予补助。建议本市出台扶持政策，加快来料加工转型升级步伐，打造"升级版"来料加工。可以借鉴浙江遂昌县的做法，对于开展来料加工的经纪人进行小额创业信贷及贴息扶持，每年安排一定的资金，用于来料加工宣传展示、行业培训、展销对接、市场拓展等相关工作。建议本市对带动相对贫困农户增收的乡村旅游产业给予重点支持，对创办采摘游、农家乐和民宿的相对贫困农户给予奖励。

（四）补齐公共基础设施短板

根据乡村振兴战略总要求，加大产业扶持政策供给，相对贫困农户户均产业支撑资金达到 2 万元左右。借鉴浙江淳安县的做法，乡村产业发展要依赖于乡村基础设施的改善，增强基础设施建设可以为乡村产业的经济效益提供坚实基础，但必须注意以环境友好型和资源节约型为前提。建议本市依托"两带一园"主平台，完善乡村产业发展的基础设施。乡村产业的基础设施大致可分为硬件设施、服务设施和辅助设施，硬件设施包括道路、卫生、用水等，服务设施包括餐饮、娱乐、住宿等，辅助设施包括停车场、医疗救护站等，涉及吃、住、行、游、购、娱六要素。完善土地经营权和宅基地使用权流转机制，优化特色农业、来料加工、乡村旅游产业发展用地保障。深入推进美丽乡村建设，出台乡村治水、治污地方性法规，扎实开展农村改厕工作，实现农村无害化卫生厕所全覆盖，发挥垃圾、污水、厕所"三大革命"长效机制的作用。始终坚持"绿水青山就是金山银山"的理念，牢牢守住发展和生态"两条底线"，实现经济效益、社会效益和生态效益多方共赢，有效带动产业振兴和相对贫困农户脱贫增收。

（五）建立健全利益联结机制

不断壮大龙头企业、"三位一体"农民合作组织，加快构建与新型农业经营主体发展需求相适应的社会化服务体系，为各类新型农业经营主体提供各种服务，促进新型农业经营主体与相对贫困农户建立利益联结机制。引领带动相对贫困农户发展产业、实现脱贫致富的重点是引导相对贫困农户通过集体林地、土地入股，以保底分红、利润返还等方式加强与新型农业经营主体的合作，建立一个全方位的利益共同体。在全市范围内推广乐清市、瑞安市农房抵押贷款和瓯海区农民资产授托代管做法，扩大相对贫困农户有效抵押担保物范围；推广苍南溪东村扶贫资金折股量化做法，重点帮扶有劳动能力的相对贫困农户就业，有效盘活农村闲置资产，实现发展脱贫。建立健全农村金融服务体系，支持金融机构进行扶贫信贷产品创新，提高农村金融服务水平。在全市范围内推行普惠性的农业政策性保险政策，建立健全扶贫保险工作制，打造"保险＋扶贫"模式，让农业保险覆盖更多的相对贫困农户。探索金融支持扶贫产业发展新模式，深化扶贫贴息贷款改革，大力支持小额信贷，加大金融扶贫资金投入力度，有效满足产业扶贫发展的金融需求。

（六）创新产业扶贫工作机制

针对温州市贫困村、贫困户、贫困人口实际情况，制定详尽、具体、实在的产业扶贫战略规划，建立健全产业扶贫政策、评价、考核和工作体系，确保精准施策。根据乡村振兴战略布局总要求，调整优化产业扶贫政策，推动扶贫产业高质量可持续发展。充分利用大数据技术建立完善的信息数据库，将本市的贫困村、贫困户纳入数据库之中，进行实名管理，利用大数据技术从多维度分析致贫原因，了解相对贫困农户的需求，制定符合实际情况的帮扶措施。加强温州相关职能部门之间的沟通联系，实现各项产业扶贫数据的有效衔接和共享使用，广泛动员社会组织、致富带头人、乡贤名士及企业家等社会力量参与到产业扶贫工作当中。

第七章
基于金融扶贫视角的温州农民资产授托代管融资研究

━━●本章导读━━━━━━━━━━━━━━━━━━━━━━━━━━━

　　"金融扶贫"是"精准扶贫"派生出的一个概念，金融扶贫作为精准扶贫的重要手段，是确保贫困地区、贫困人口稳定脱贫不返贫的重要力量。金融机构是金融扶贫的承担者、实施者，也是金融扶贫的参与者。温州瓯海农商银行作为金融扶贫的主力军，率先推行农民资产授托代管融资新模式，形成了金融扶贫"温州模式"。农户可用自有的动产、不动产及其他经济权益作为授托资产，以书面承诺方式向试点银行申请信用贷款。农民资产授托代管融资模式自实践以来，有效打通了金融扶贫的"最后一公里"。但是在实施的过程中仍然存在金融扶贫工作机制缺失、金融扶贫生态环境欠佳、金融扶贫机构意愿不高、金融扶贫贷款风险明显等障碍因素，很大程度上制约了金融扶贫效果的发挥。为切实提升金融扶贫效率，加大农民资产授托代管融资模式的创新力度，建议构建"政府扶持、金融机构引导、弱势群体参与"的金融扶贫新机制，形成"大扶贫"格局，为全国提供一条可复制、可推广、具有可持续性的金融扶贫"温州模式"。

第一节　引　言

　　2020年不仅是实现全面建成小康社会目标之年，更是全面打赢脱贫攻坚战，实现农村绝对贫困人口脱贫、贫困县摘帽和区域性整体贫困消除的历史性时刻。但是，脱贫后的反贫困工作仍将继续，脱贫攻坚的重心将从消除绝对贫困转向解决相对贫困。"金融扶贫"是"精准扶贫"派生出的一个概念，与产业扶贫、科技扶贫、生态扶贫、教育扶贫、电商扶贫等共同组成精准扶贫的重要方式。

金融扶贫作为我国精准扶贫战略的重要组成部分，是确保贫困地区、贫困人口稳定脱贫不返贫的重要力量。金融机构是金融扶贫的承担者、实施者，也是金融扶贫的参与者、支持者，如何充分发挥金融扶贫的优势，破解发展中存在的瓶颈问题，是打赢脱贫攻坚战的关键所在。在我国商业银行商业化改革中，商业银行逐步退出农村地区，只剩下农村信用合作社等少数农村中小金融机构支撑着农村金融市场。农村信用合作社是农村金融改革理想化的产物（曾康霖，2001）。农村商业银行由于其长久以来扎根基层、服务"三农"的特殊性，在脱贫攻坚中扮演着农村金融主力军的角色。瓯海农商银行作为金融扶贫主力军，率先全国推行农民资产授托代管融资新模式，探索金融扶贫新模式，创造出了"温州模式"。

研究金融扶贫的具体实践内容以及所取得的良好效果，对助推实现共同富裕具有非常重要的理论价值与实践应用价值。本章首先进行金融扶贫的国内外文献综述；其次通过实地调研的方式，以农民资产授托代管融资为调研对象，用翔实的第一手资料和数据，深入剖析了温州市金融扶贫工作取得的成效以及经验做法；再次，在分析农民资产授托代管融资做法的基础上，分析温州市金融扶贫工作中存在的问题；最后，归纳国内外金融扶贫经验，从政府、金融机构和弱势群体三个层面，提出完善金融扶贫"温州模式"的对策建议，既能够为温州市政府巩固扶贫成果提供一些经验总结，又能够为国家制定金融扶贫相关政策提供一些决策参考。

第二节　国内外文献综述

金融扶贫主要包含三个要素。一是金融扶贫主体，即"谁愿意帮助"的问题。一般指的是金融机构，但由于国家制度不同，各个国家的金融机构在扶贫中所发挥的作用有所不同。二是金融扶贫方式，即"如何帮扶"的问题。金融机构根据贫困地区和贫困人口的实际情况以及政府的扶贫政策措施，设计开发出有针对性和创新性的金融扶贫产品，为贫困户发展脱贫产业、提升自身收入提供资金支持。三是金融扶贫对象，即"帮扶对象"的问题。

（一）国内研究现状

金融扶贫作为贫困地区和贫困人口脱贫致富的有效方式，一直受到学者们的广泛关注，目前我国学者对于金融扶贫模式的探讨主要集中在四个方面，即金融扶贫主要模式研究、金融扶贫问题与困难研究、金融扶贫政策建议研究和金融扶贫减贫效果研究。

1. 金融扶贫主要模式研究

金融扶贫的典型做法主要有"金融＋基础设施建设""金融＋扶贫搬迁""金融＋特色产业""金融＋贫困户创业""金融＋贫困家庭助学"等方式（杨钊，2016）。王敬力等（2011）认为"拾荷模式"即小额信贷模式，能有效调动金融机构支持精准扶贫的积极性，是一种成功的金融扶贫模式，是一种具有普遍意义的长效扶贫机制。李耀清等（2017）提出了"互联网＋"下金融扶贫新模式，即把传统的金融服务功能与互联网技术有效结合，利用互联网独有的优势，打破农村地区的空间限制，降低了交易成本和服务成本，提供了精简的操作流程，做到项目精准、产业链准确、扶贫圈精准，以达到相应的扶贫效果。王吉恒等（2017）提出由县人民政府、县人民银行、县信用联社（现称农商银行）、企业（新型经营主体）、农民贫困户五方联动或县人民政府、县人民银行、县信用联社、农民贫困户四方联动的"五方联动金融扶贫模式"和"四方联动金融扶贫模式"，这种多方协调、多赢的金融扶贫模式具有良好的可借鉴性和推广价值。杨云龙等（2016）认为我国目前主要有政府主导的金融扶贫、金融机构主导的金融扶贫、产业金融扶贫、互联网金融扶贫、"电商平台＋金融"扶贫、国际金融组织参与扶贫开发、社会扶贫组织金融扶贫7种较具代表性的金融扶贫模式。在实践中产业金融扶贫模式覆盖范围最广，涵盖了所有贫困群体，并且持续性、可推广性较好。

2. 金融扶贫问题与困难研究

首先是金融机构层面。李伶俐等（2018）指出在我国的实际金融扶贫工作中，由于没有建立起一套结构合理、功能完善、体制健全、运行高效的农村扶贫金融体系,导致金融扶贫仍然存在金融服务供需不匹配、金融机构在扶贫中分工合作不协调、目标识别不准和效率低下等问题。苏畅等(2016)研究表明农村金融服务供给市场不平衡,金融机构网点的分布情况无法满足精准扶贫需求,同时扶贫金融产品的实际供给与农村贫困资金需求的矛盾突出。其次是政府层面。鄢红兵(2015)研究表明地方政府对金融扶贫的认识不足,扶贫工作涉及部门繁杂,统筹协调难度大,金融扶贫工作落实力度不够。常艳华(2013)认为政府制定金融政策缺乏针对性也是金融扶贫实践中的瓶颈之一,当金融优惠政策与区域特殊性、区域需求、基层职能不符时,基层金融机构由于受体制与机制的束缚,没有授信和制定制度的权力,造成金融扶贫发展缓慢。最后是农村农民层面。郭兴平(2013)研究表明贫困地区和贫困人口的自我发展能力低下,我国的贫困地区大多为自然环境恶劣、自然资源贫乏、地理位置偏远的区域,基础设施不够完善,配套服务发展滞后,贫困人口的金融素质普遍较低,自我发展能力较差。么晓颖等(2016)指出金融扶贫越到后期难度越大,经过历年扶贫开发,剩余的贫困人口贫困程度更深、脱贫难度更大,而且贫困户收入不稳定,一旦遭遇自然灾害、意外或重大疾病等,再次返贫情况较多。鄢红兵(2015)认为贫困地区金融生态环境差,信用体系建设较缓慢,也是我国金融扶贫面临的主要问题。

3. 金融扶贫政策建议研究

针对金融扶贫发展存在的问题,学者们分别从金融机构、政府、农村农民三个角度提出相应的对策。杨钊(2016)表示要发挥好政府在扶贫资源和力量整合及其外部增信方面的作用,建立健全金融扶贫信贷风险分担补偿机制,不断完善金融精准扶贫大数据平台,实现金融扶贫的精准性和可持续性。同时,在政府政策支持的前提下,有针对性地进行金融创新,引入市场机制,充分利用资本市场推进扶贫攻坚,构建适合贫困地区发展的融资体系,探索产融结合新途径,提供完善的政策保障体系,有效实现金融扶贫和金融机构经营目标的双赢(胡恒松等,2018)。苏畅等(2016)认为金融扶贫应有效发挥不同类型金融机构的互补优势,推动形成商业性、政策性、开发性、合作性等各类金融机构共同参与的金融扶贫工作格局,加快建立具有中国特色的多层次的金融扶贫体系。此外,推行符合当地需求的金融产品,加强农村金融产品创新，积极为不同的贫困群体量身定制金融产品和服务方式，进一步改进贫困地区金融服务水平，让金融扶贫产品可以更便捷高效地满足贫困地区的经济发展和贫困人口的金融需求（姜再勇，2016；郭兴平，2013）。姜再勇（2016）认为必须加快推进金融基础设施建设，实现贫困地区金融服务全覆盖，改善贫困地区金融生态环境，提高贫困群体的金融知识和风险责任意识。庞金波等（2018）表示应该针对贫困人口的不同情况提供不同程度的金融支持，破解贫困人口产业发展资金不足的瓶颈，提高贫困人口自主脱贫能力，帮助贫困人口实现增收脱贫，进而提高贫困人口的还款能力。

4. 金融扶贫减贫效果研究

在金融发展减贫作用方面，学者们所持的观点不尽相同。一方面，许多学者认为金融扶贫和贫困减缓有着正向联系，金融扶贫能够有效实现脱贫。黄英君（2017）研究发现，农村金融资本的激活通过贷款规模的扩大和资本的乘数效应的发挥这两条途径对农村经济增长和贫困人口收入提高起促进作用，可以帮助贫困人口实现脱贫致富。伍艳（2012）发现我国农村地区金融的不断发展对降低贫困发生率起正向作用，且农村金融发展的减贫效应在东部地区最为明显，其次是中部地区，最后是西部地区，这也加剧了区域间的发展差距。苏基溶等（2009）从整体上研究金融发展与收入分配和贫困的关系，研究表明金融发展的收入分配效应和增长效应在金融扶贫中发挥了重要作用，达到了提高贫困人口的收入水平，减少收入分配不平等的目的，但是仍需要对不同的金融政策对低收入分配产生的影响进行更多、更细致的研究。另一方面，部分学者认为金融扶贫的不断推进并不能有效解决贫困问题，甚至对脱贫起抑制作用。杨俊等（2008）研究发现农村金融发展对于促进贫困减缓具有短期的促进作用，但效果并不明显，从长期看，农村金融发展并没有成为促进农村贫困减少的重要因素，甚至成为抑制农村减贫的因素之一。邓坤（2015）认为涉农贷款这一主要涉农金融扶贫工具的使用对当地居民收入的影响不显著，发现单纯增加涉农贷款占比并不能提高农民收入。张敬石等（2011）表示一味扩大农村金融的发展规模反而会加剧农村内部收入差距，想要改变这种农村内部不平等，根本途径还是要提升农村金融效率。

（二）国外研究现状

国外学者主要在金融扶贫模式、金融缓解贫困效果、金融减贫措施三个方面进行了很多有意义的研究，成果较为显著。

1. 金融扶贫模式研究

对于金融扶贫模式的研究，国外学者在小额信贷金融扶贫模式方面研究较为集中。Khandker（2003）认为小额信贷金融扶贫模式能有效减缓贫困，并且这个影响是持续的、长久的。Agyapong（2010）以加纳地区为例提出贫困地区金融发展能增加当地贫困人口的就业机会从而间接提高贫困人口收入。Kiendrebeogo et al.（2016）用现有的数据进行定量分析发现，金融发展不但能降低贫困人口的数量，也有利于降低贫困人口收入低于贫困线的程度。Kotahwala（2012）通过分析印度小额信贷的推行情况，发现小额信贷金融扶贫模式对女性群体的脱贫起很大的作用，尤其是对印度南部妇女的减贫具有显著的促进作用。Hasim（2014）在研究中分析了保险服务在扶贫问题中的作用，认为小额保险业务的发展对金融扶贫起关键作用。

2. 金融缓解贫困效果研究

大多数学者的研究表明，金融发展对减轻贫困具有促进作用，可以让贫困人口实现有效脱贫。Burgess et al.（2005）通过研究发现，印度农村地区银行网点数量每增加1％，贫困率下降0.34％。Inoue et al.（2012）同样以印度作为研究对象，研究发现随着金融的不断发展，贫困人群的贫困程度明显降低。Kumar et al.（2010）研究发现金融发展在增加贫困群众就业机会和提升人均经济收入方面都有显著的积极作用。Jeaneney et al.（2011）指出除了经济增长能够减少贫困以外，金融发展为贫困人口提供的交易和储蓄的机会也能起到减贫作用。但是，少数学者认为农村金融的发展对减轻贫困程度产生的是消极作用。Fulford（2013）提出金融发展虽然在短期内促进了贫困地区的经济发展，但是从长期看地方政府的行政干预和大量的营业网点运营带来的金融交易成本较高，导致金融机构主动助推脱贫的积极性下降，不利于贫困人口脱贫致富。Muhammad et al.（2014）指出不平等的收入分配制度对减贫的作用已经超过了收入增长对减贫的作用，因此农村金融发展带来的农村经济收入如果分配不均衡，则不能降低贫困率。

3. 金融减贫措施研究

Shimeles et al.（2006）指出金融机构对减贫能起到关键的作用，并进一步指出金融机构应该根据弱势群体的需求，放宽对弱势群体的信用限制，使穷人有更多的机会享受更加丰富的金融产品和金融服务方式，以提高弱势群体的期望收入，达到缓解其贫困状况的目的。De Gregorio et al.（2000）提出政府在金融扶贫工作中具有不可以替代的作用，政府的宏观指引和制度保障对于农村金融的发展和贫困减缓至关重要。Bruhn et al.（2014）从贫困人口的角度指出，缓解贫困有直接方式和间接方式两种，直接方式是为贫困人口提供扶贫小额贷款，间接方式是为贫困人口所在区域的企业或产业提供贷款服务，通过区域和产业发展实现贫困人口致富脱贫。

综上所述，学术界对金融扶贫进行了有益的探讨。当下的研究大多从宏观角度切入，也积累了众多经验和成果，但是少有研究从微观角度切入来认识并研究金融扶贫，尤其是缺乏对在实践中某一个具体的金融助力脱贫攻坚典型案例的研究。基于此，本书通过对农民资产授托代管融资这个金融扶贫"温州模式"的研究，一方面填补了金融扶贫微观层面的研究，另一方面为脱贫攻坚提供了经验参考。同时，在结合分析农民资产授托代管融资减贫做法及存在问题的基础上，提出完善金融扶贫"温州模式"的对策建议。

第三节　减贫做法

截至 2019 年末，温州市拥有户籍人口 832.4 万人，常住人口 930 万人，其中农村人口为 274.4 万人。温州与浙江全省一样，在 2015 年已经实现消除"4 600 元以下"绝对贫困现象，永嘉、平阳、苍南、文成、泰顺 5 个贫困县全面摘帽，全市从消除绝对贫困进入减缓相对贫困的新阶段。但是温州市山区多、老区分布广、城乡区域经济发展和收入分配差距大，是一个扶贫攻坚任务繁重，相对贫困人口较多的地区。截至 2020 年 11 月末，在浙江省低收入农户动态监测中，全市低收入农户共 8.7 万户，涉及 14.5 万人，全市脱贫攻坚任务依然十分艰巨。

瓯海农商银行作为金融扶贫主力军，积极探索金融扶贫新模式，创造出了"温州经验""温州模式"。2015 年，瓯海农商银行作为唯一的试点金融机构，率先推出农民资产授托代管融资新模式，2017 年，瓯海被农业部等十四个部委列为国家级农村改革试验地区，"温州经验""温州模式"被纳入浙江省委改革办复制推广清单、浙江省金融赋能山区 26 县跨越式高质量发展实施意见和浙江省区域金融改革标志性成果和典型经验。据此模式，农户可用自有的动产、不动产及其他经济权益作为授托资产，以书面承诺方式向瓯海农商银行申请贷款，经资产评估和授托代管后，银行视同抵（质）押品办理相关贷款，为有效破解农村融资难、融资贵、融资慢难题提供了改革示范。截至 2019 年 12 月，全市农信系统 11 个县（市、区）已全面推进农民资产授托代管融资模式，贷款农户 7.42 万户，贷款额 131.5 亿元，试点的瓯海地区实现 232 个村集体全覆盖，拓宽了农户和各类低收入人群的融资渠道。

（一）主要内容

由于银行贷款门槛高、程序烦琐且农村产权不明晰，农村积累了大量的沉睡资产难以盘活，无法直接转化成抵（质）押品。据统计，瓯海区的 10 万名农户，每户有 30 万元非标资产，照此推算全市农村有近 2 000 亿元沉睡资产。金融扶贫"温州模式"变财产抵（质）押为托管授信，从机制上破除了农村资产难以盘活的制约因素。

1. 主要做法

一是建站建档、评估授信。以农民信用为基础，将农民认为有经济价值、银行认定风险可控的资产纳入"授托融资"范围，目前可授托的资产包括农房三产指标、农村产权、养老指标、村级股权、土地（林地）承包经营权、手续不全的小微厂房等 16 大类 40 种非标资产。农商银行通过与村经济合作社建立合作关系，配套建立普惠金融服务站，聘任当地威望较高的村民为协贷员。农商银行信贷员联合协贷员对贷款农户进行摸底走访、实地调查并采集相关资产信息，建立信用档案，为实施金融精准扶贫提供基础信息资源。农户的自有资产由农村"三位一体"公司评估确值后，农商银行、农村"三位一体"公司及村经济合作社三方共同议贷，联合确定农户贷款的额度。

二是报备登记、授托代管。对农户的有价非标资产进行评估、确定贷款额度后，农商银行对授托资产逐项逐笔如实登记，创建资产情况表；村经济合作社实施报备登记，出具登记报备回执；房管、农林、工商等相关职能部门办理备案，避免权属过户和重复担保登记。由农商银行、农村"三位一体"公司及村经济合作社联合对完成报备登记的农户动产、不动产及其他经济权益进行授托代管，其中，所有权证类文本由农商银行负责，授托代管动产类资产由农村"三位一体"公司代管，授托代管不动产类资产由村经济合作社负责保管，以此确保金融扶贫发挥最优的效应。

三是便捷办贷、风险处置。为提升金融扶贫效率，农商银行创新推行农民资产授托代管融资准贷证，农户凭借"准贷证"只用跑一次银行，最快可在 2 个小时内办完贷款业务。农商银行联合村经济合作社对农户信贷用途、授托资产情况进行回访，并要求协贷员对农户生活及生产状况、授托资产运行信息进行采集，动态掌握农户情况。农商银行还与司法部门、公安部门对授托代管的动产及不动产进行联动管理，强化风险防控。此外，以德治、自治和法治推动不良贷款的催收、化解和清收，发挥"三治"融合在金融扶贫中的作用。

2. 主要模式

农民资产授托代管融资重点服务农村弱势群体，将具有经济价值、风险可控、可托管的非标资产列入抵（质）押品范围，以授托代管的方式发放贷款。目前，该金融扶贫模式已实现全市 11 个县（市、区）全覆盖，有效破解了农村贷款难、担保难、融资贵问题。该金融扶贫模式如图 7-1 所示。

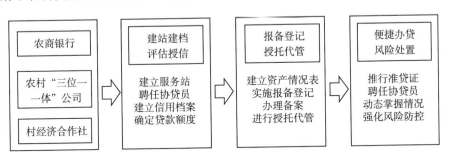

图 7-1　农民资产授托代管融资模式

3. 拓展模式

为进一步扩大金融扶贫覆盖面，瓯海农商银行在农民资产授托代管融资模式的基础上，率先试点推出小微企业资产授托代管融资模式，旨在将受益范围从农户向小微企业拓展。该模式以建设小微企业信用体系为基础，小微企业可以凭借自有的有形资产、无形资产等企业认为有经济价值、银行认定可以托管且风险可控的经济权益和隐形资产作为授托资产向银行申请贷款，最低年利率仅 4.35%。资产授托融资业务突破了"保证、抵押、质押"等传统信贷种类，已拓展至 6 大类 28 种非标资产，涵盖了厂房类、拆迁指标类、权益类、动产类、无形资产类、其他类，有效盘活了企业静态资产。截至 2019 年 12 月，共为 211 户合计发放 3.15 亿元，授信 7.34 亿元，打通了小微企业融资"最后一公里"，对贫困地区经济发展起到了积极的推动作用。

金融扶贫"温州模式"突破了农村资产都不具备抵（质）押物性质的限制，有效降低了融资成本，走在了全省乃至全国前列。农民资产授托代管融资业务年利率为 5%~8%，而民间借贷年利率为 15%~18%，大大减轻了农民的还款压力。在此基础上，全市 11 家农商银行不断探索金融扶贫新路子，瓯海农商银行针对规模村搬迁撤并和优化新村（社区），创新推出了"搬迁贷"；鹿城、瓯海、龙湾农商银行针对农民变居民、农村变郊区、农业变新产业、"老三农"变"新三农"，创新推出了"居民授托贷"等产品；苍南农商银行把农民资产授托代管融资业务作为整村授信的依据，打造其为整村授信"升级版"；泰顺农商银行把农民资产授托代管融资业务进行上墙公示，财产接受村民的民主监督。温州金融扶贫模式如图 7-2 所示。

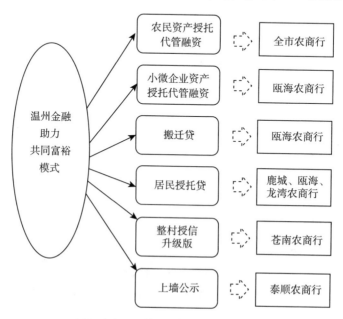

图 7-2 温州金融助力共同富裕模式

（二）创新突破

农民资产授托代管融资模式以资产授托承诺代替抵押和担保，实现了"三重突破"、实施了"三种手段"、实行了"三方联合"，金融扶贫"温州模式"创新有意义。首先，实现了从"确权"到"确值"、从"登记"到"代管"、从"风险的计量"到"价值的衡量"的三大升级。银行主动挖掘农村资产价值，无须登记、无须担保、无须保险，对农户可托管且风险可控的非标资产视同抵（质）押物进行授信，由注重权属证明上升为对资产价值的确认。其次，实施了行政手段、裁判手段和刑侦手段，政府职能部门、司法部门和公安部门联合严控信用风险，打击故意逃债。最后，实行了农商银行、农村"三位一体"公司及村经济合作社"三方联合"的运行机制，在金融机构和村经济合作社之间，引入第三方机构，降低了贷款的信息不对称率，提高了代管融资业务的效率。

（三）实践成效

从弱势群体层面来看，增强了脱贫致富的内生动力。截至 2020 年 6 月，瓯海区实现普惠金融服务站行政村全覆盖，采集有效信息 86 474 条，发放"准贷证"5.83 万个，累计放贷 2.37 万户、金额 181.09 亿元，其中首次贷款的农户有 8 161 户、金额 19.94 亿元。截至 2020 年 6 月，瓯海农商银行已受理 14 类资产，在受理的 18 926 宗农民资产授托代管事项中，农村房产类和征收拆迁指标类占比最大，分别占 39.24％、38.96％，金额分别为 25.52 亿元、24.91 亿元（表 7-1）。农民资产授托代管融资贷款用于农民创业创收资金投入，共涉及 10 206 户，占 66.40％，金额为 39.28 亿元，占

表 7-1　瓯海区农民资产授托代管融资资产类型（截至 2020 年 6 月）

权证种类	宗数	金额（万元）	宗数占比（％）	金额占比（％）
农村房产类	7 426	255 199	39.24	44.71
征收拆迁指标类	7 373	249 093	38.96	43.64
养老收益权类	2 125	19 686	11.23	3.45
无形资产	1 875	38 956	9.91	6.82
租赁使用权类	39	875	0.21	0.15

（续）

权证种类	宗数	金额（万元）	宗数占比（%）	金额占比（%）
农村股权类	15	257	0.08	0.05
承包经营权类	12	366	0.06	0.06
花木果树类	12	2 510	0.06	0.44
生产设备类	4	120	0.02	0.02
小微厂房	14	2 780	0.07	0.49
存货珍品类	4	240	0.02	0.04
农作物类	3	120	0.02	0.02
畜禽类	1	200	0.01	0.04
交通设备类	23	414	0.12	0.07

数据来源：瓯海农商银行。

68.81%（表7-2中除家庭消费和农房改造之外的各项总和）。农户依托自身信用在农民资产授托代管融资中享受较低贷款利率、创业担保贴息贷款和扶贫资金折股量化分红等政策红利，获得生产经营的启动资金，提高了农户自我发展能力，从而实现自主脱贫，从根本上改变了贫困地区的面貌。

表7-2　瓯海区农民资产授托代管融资资金投向（截至 2020 年 6 月）

行业投向	户数	金额（万元）	户数占比（%）	金额占比（%）
家庭消费	1 618	39 772	10.53	6.97
农房改造	3 546	138 272	23.07	24.22
农村制造业	4 402	188 083	28.64	32.95
农村批发零售	2 789	112 197	18.15	19.66
农家乐、民宿业	863	25 727	5.61	4.51
农村服务业	1 292	40 093	8.41	7.02
农村建筑施工业	395	11 986	2.57	2.10
农村交通运输	301	9 319	1.96	1.63
农林牧业	133	4 609	0.87	0.81
农村文体教育	31	758	0.20	0.13

数据来源：瓯海农商银行。

从金融机构层面来看，拓展了新的市场空间。该模式可以使农户手头的"死"资产转变成"活"资金，摆脱无抵押担保、难评估、高利息的窘境，真正享受普惠金融，同时也给银行带来了新的利润增长点。从实际数据来看，农民资产授托代管融资业务已经成为其一项重要的信贷业务，不良贷款率仅为 0.34%，远远低于农信系统其他贷款的不良贷款率，风险更低。

从村经济合作社层面来看，促进了"三治"贷款的完善。发放抵（质）押贷款前与农民签署承诺书，对农民进行诚信教育，以村规民约进行风险防范，是对乡村治理的有益实践。将德治、自治作为农村贷款法治的有力补充，有效降低了司法成本，提高了风险处置效率。

第四节　存在的问题

金融扶贫"温州模式"在破解农村融资难题的基础上，以农民资产授托代管融资模式为切入点，促进了农民脱贫致富。农民资产授托代管融资模式自实践以来，总体来看不良贷款率较低，取得了显著成果。但是金融扶贫工作仍然存在一些障碍因素，很大程度上制约了金融扶贫效果的发挥。

（一）政府职能的转变不到位

政府履职不够，在制定和落实金融扶贫政策时，未充分认识到金融在扶贫工作中的重要作用，金融扶贫政策制定不够完善。此外，政府对贫困地区出台了一系列金融扶持政策，但是就目前实施情况看，金融扶持政策在促进贫困地区生产发展方面起到了一定的作用，但与贫困地区实情不完全匹配。而且政府在金融扶贫工作中以管理职能为主，服务职能为辅，金融扶贫政策执行也不够到位。政府部门为了促进农村地区经济建设的快速发展，会利用其政治影响力将金融扶贫指标作为政治任务分配给金融机构，这与金融机构的资本逐利性背道而驰，而金融机构考虑到自身利益及长远发展，又不得不完成政府交予的政治任务。贫困群体由于其自身原因，导致信贷风险高、利润低，难以获得金融机构的贷款，如何平衡金融扶贫最重要的三大参与主体——政府部门、金融机构、贫困户之间的利益关系成为难题。

（二）金融扶贫工作机制缺失

在农民资产授托代管融资实践中，金融扶贫覆盖面广，涉及的政府部门也较多。但实际上，不同政府部门之间不可避免地存在部门利益、条块分割、权责模糊等因素限制，相互协同性明显不足，缺乏有效的分工合作，不能形成金融扶贫的合力，金融扶贫效率低下，极大制约了金融扶贫工作的可持续开展。农商银行负责对农户资产进行逐笔登记，村经济合作社实施报备登记，房管、工商、农林等相关部门办理备案，但是由于缺少有效的数据共享平台支撑，相关部门对于农民资产授托代管融资的数据动态管理及信息的共享性难以实现，严重影响金融扶贫工作效率。同时，政府相关部门缺乏对金融扶贫工作的引导，也没有为金融机构提供风险补偿政策、金融监管政策、考评激励机制等相应的配套政策，不能实现政府、金融机构及弱势群体的深度对接。

（三）金融扶贫生态环境欠佳

农民资产授托代管融资本质上是信用贷款，目前金融扶贫生态环境比较差，缺乏必要的金融基础设施和信用评价机制。对于一些贫困地区而言，由于其地理位置比较偏僻、自然条件差、基础设施相对薄弱，导致金融机构网点投入成本高，金融机构在贫困地区设立的网点数量较少，金融服务难以在贫困地区实现大范围覆盖，使得贫困人口获取农村金融服务受到极大限制，更谈不上农村金融知识宣传的完全普及。虽然全市实现了普惠金融服务站行政村全覆盖，但是仍然存在服务网点少、布局不合理、机具设备老化等问题。贫困户思维观念陈旧，普遍缺乏对金融知识的认识和了解，对金融产品和金融服务的接受程度较低，缺乏信用意识和契约意识，征信基础薄弱，容易造成不良贷款的隐患。农村弱势群体人口众多、整体教育水平偏低、自我发展能力偏弱，不了解金融扶贫相关政策，缺乏脱贫的信心和脱贫能力，主动脱贫的积极性不高。同时聘任的当地协贷员金融知识相对欠缺，业务能力较为薄弱。金融机构为了获得授信对象的信用信息，需要信贷员联合协贷员走村串巷、挨门逐户调查摸底，信息采集手段落后、效率低，导致金融机构和贫困地区的农户、小微企业等弱势群体之间信息不对称现象严重，金融扶贫成本较高，造成金融扶贫主体普遍惜贷。农村产权评估市场和农村产权交易市场发育不健全，代管融资业务只引入农村"三位一体"公司一家评估机构，授托资产变现能力弱，评估方法也缺乏统一、科学的标准。

(四) 金融扶贫机构意愿不高

在农民资产授托代管融资中，金融扶贫竞争主体缺失。尽管参与国家扶贫事业是金融机构履行社会责任的重要举措，但是金融机构本身具有较强的盈利性和趋利性，这与金融扶贫贷款收益小、风险高的特点完全相反，因此金融机构本身在落实扶贫政策上意愿并不强烈，没有真正把工作重点放在创新农村金融产品和服务方式上，这必然给金融扶贫工作带来一定的阻力。金融机构更愿意选择信用良好、资产实力过硬、营收能力强的优质客户，对贫困地区的农户、小微企业等弱势群体的资金需求漠然视之，甚至找理由拒绝放贷。全市能够办理代管融资业务的金融机构仅限于农商银行，农商银行在金融扶贫领域占垄断地位，而垄断不利于构建多元化的金融扶贫体系，也无法满足弱势群体多元化的金融需求。由于相关法律依据缺失，抵（质）押物无法实现有效交易和流转，代管融资业务比传统的信贷业务有更大的信用风险。该模式只是解决了准入，而不涉及退出，若农民违约，失去了"两权"使用权，或许会一夜返贫，更为甚者，引发民生风险。由于农村地区前期资金和时间投入大而回报周期长，导致业务经营成本较高。扶贫贷款风险高、成本高，因此金融机构不愿意涉足扶贫领域。

(五) 金融扶贫贷款风险高

农民资产授托代管融资在实际操作中面临最大的问题就是贷款风险，具体表现在三大方面。一是在抵（质）押贷款过程中，农户和小微企业这些弱势群体，在贷款时往往存在担保方式单一、缺少合适的担保人、缺乏有效的抵押物等问题，天然存在信用风险高，导致金融机构的信贷风险进一步加大。二是受到担保法、物权法、土地管理法等的限制或禁止，非标资产特别是农村土地承包经营权、农民住房财产权作为具有保障民生属性的"两权"物权，贷款一旦出现不良状况，更依赖于村规民约进行风险管控，"法治"难以保障金融机构的利益。三是风险补偿机制不健全，尚未引进保险机构等其他金融扶贫主体参与此项业务，也未建立风险补偿机制，不利于农村金融生态环境的发展。

第五节　国内外经验借鉴

金融扶贫通过向贫困群体提供金融服务，在反贫困实践中做出了巨大的贡献。国内外有不少金融扶贫的成功案例，选取国内的宁夏固原市金融扶贫模式、广东清远市金融扶贫模式，国外的孟加拉国格莱珉银行模式和美国社区银行模式作为金融扶贫典型案例，深入剖析这些金融扶贫典型案例独特的做法和效果，从相关扶贫实践中借鉴经验，有助于为温州金融扶贫提供一些思路和启示。

（一）国内金融扶贫的经验借鉴

1. 宁夏固原市金融扶贫模式

地处宁夏南部山区的固原市不仅属于六盘山集中连片特困地区，更是著名的革命老区。作为国家重点扶贫地区，宁夏固原市积极探索建立金融扶贫"宁夏固原模式"，成为全国金融支持精准扶贫的示范和典型。"宁夏固原模式"充分发挥金融在脱贫攻坚中的重要作用，激发脱贫内生动力，实现贫困人口脱贫增收。

一是完善金融扶贫工作机制。固原市专门研究制定了《固原市金融扶贫实施方案》《贫困户小额信用贷款评级授信管理办法》《固原市金融扶贫考核实施细则》等一系列扶持政策，从政策层面做好金融扶贫工作的指导。固原市成立了以市委书记为组长，45个部门组成的扶贫攻坚工作领导小组，领导小组下设六个工作组，明确各成员单位工作职责和工作方式。同时，建立了金融扶贫联席会议制度，为金融扶贫工作的顺利开展提供了有力保证。

二是健全完善农村信用体系。建立信用评级授信系统，对象为全市所有建档立卡贫困户，通过评级授信的贫困户可按照授信等级享受相应的信贷优惠政策。开展信用农户、信用村、信用乡镇创建活动，广泛开展农村青年信用示范户、示范合作社工作，将信用评级与享受信贷优惠政策相挂钩，对信用等级高的农户开辟贷款绿色通道、提高授信额度、增加信贷规模、降低贷款利率。同时，固原市探索建立了失信行为修复机制和"黑名单"农户分类制度。

三是创新金融扶贫模式。围绕"财政＋金融＋产业＋扶贫"的金融扶贫模式，探索形成"一平台、一模式、一协会、一体系"的金融扶贫机制，建立担保资金池，成立信用协会，构建风险控制体系。"固原模式"在发展过程中，先后形成了一批可复制、可推广的先进经验和典型做法，"固原模式""蔡川模式""张易模式"等金融扶贫模式得到了社会各界的广泛关注。

2. 广东清远市金融扶贫模式

广东省清远市地处粤北山区，是农业大市，曾是全国贫困县。清远市是全国首个探索出"金融＋财政＋企业"跨行业联合扶贫模式的地区，全力打造了产业扶贫、技能培训及培训转移、金融扶贫、社会扶贫和"两项工程"五大扶贫品牌，形成了扶贫开发的"清远模式"。

一是加强政企合作。中国人民银行清远市中心支行持续加大对"三农"的信贷支持力度，灵活运用差别存款准备金率、再贷款、再贴现等货币政策工具，加大金融机构对农业产业及贫困县的可贷资金额度。另外，加强金融机构与政府的合作，积极探索"财政＋金融"发展路径，政府加大财政贴息的力度，解决农业生产资金紧缺问题。

二是创新农村金融产品。清远市农合机构（包括农村信用社和农村商业银行）全部设立了"三农贷款专营中心"，重点建设农村金融市场，做好农村金融产品创新，着力打造"农村金融便利店"。同时，清远市8个县（市、区）设立了"政府＋银行＋保险"的合作担保基金，全面推广其抵押担保贷款。此外，清远市将英德、连州、阳山等8个县（市、区）列为"两权"抵押贷款试点地区，积极推进农村土地承包经营权、农房产权抵押贷款试点工作，并鼓励地方政府部门通过财政贴息、共建风险资金池、担保公司担保等方式建立风险补偿机制，确保资金链安全。

三是增强金融扶贫"造血"功能。立足产业扶贫是根本，清远市不断探索金融支持产业扶贫模式，提升贫困户和贫困地区的自我"造血"功能。清远市以优质家禽、食用菌、中药材、蔬菜、水果、茶叶等特色农产品为重点，以金融为抓手帮助产业扶贫，培育出一大批"蔬菜村""水果村""蚕桑村"等专业村，发掘了一批有市场前景、发展潜力、稳定收入的优秀企业，为贫困人口提供了大量的就业岗位。同时，清远市紧抓教育扶贫，积极引导金融机构投入教育信贷资金，推广专业技术培训，对贫困人口实施教育扶贫，通过提高贫困人口致富技能，帮助贫困人口增加就业成功率。

（二）国外金融扶贫的经验借鉴

1. 孟加拉国格莱珉银行模式

孟加拉国是全球最贫穷的国家之一，1976年穆罕默德·尤努斯教授构建的格莱珉银行模式，被公认为世界最大、最成功的小额信贷模式，主要为农村地区的贫困人口提供小额信贷，使其免受高利贷剥削之苦，从而实现脱贫致富的目标。自格莱珉银行模式反贫困实践取得巨大成效后，开始受到世界关注，该模式目前已在东南亚、南亚、非洲、拉丁美洲等地区得到复制和推广，取得了显著的社会经济效益，被证实为能有效消除贫困的模式。

首先，在贷款对象方面。格莱珉银行又被称为"穷人的银行"，专向贫困群体特别是被正规金融机构排斥在外的贫困地区妇女提供贷款服务，帮助乡村贫困家庭摆脱贫困。虽然格莱珉银行是以营利为目的的商业银行，但是所有的网点都分布在乡村，直接为偏远地区和贫困群体提供金融服务，并以为贫困群体提供小额、短期的贷款作为首要目标，将实现自身利润最大化放在次要地位。

其次，在风险控制方面。五人小组制是格莱珉银行最为经典的制度，将社会背景和经济水平相近的五个贫困人口基于自愿原则组成互助小组，再由6~8个小组成立一个中心，通过"小组＋中心"模式培养人与人之间的信任，小组和中心每周要定期召开会议。小组之间的个体相互担保，作为一个整体申请并获取小额贷款，组内所有成员都对其他成员必须承担连带责任，小组成员之间具有相互监督和帮助的义务。格莱珉银行创造了一个基于互信、责任、参与及创造力的银行系统，用互助组内激励惩罚机制替代了抵押担保制度，为贫困群体提供无抵押、无担保的信用贷款，这种熟人之间相互审查监督的贷款方式有效降低了信贷风险和交易成本，彻底颠覆了传统金融行业的经营观念。

最后，在金融产品方面。格莱珉银行为贫困人口设计适合的金融产品与服务，提供信贷产品，贷款采取分期的方式发放，采用每周还款一次的还款机制。同时，格莱珉银行还提供弹性贷款、房屋贷款、高等教育贷款、微型企业贷款等多种贷款类型，满足贫困人口不同的贷款需求。格莱珉银行鼓励储蓄，推出了格莱珉储蓄产品，通过为贫困群体提供安全且有高额利息的储蓄服务，鼓励贫困群体到格莱珉银行存款。格莱珉银行推出了贷款保险储蓄基金，以解决贫困人口去世后无法偿还贷款的问题。此外，格莱珉银行不仅为农村贫困群体提供金融服务，还针对那些缺乏脱贫技能的贫困群体开展各种培训，迅速发展成为孟加拉国最大的乡村银行。

2. 美国社区银行模式

社区银行的概念最初起源于美国，在经历了 2008 年次贷危机与银行业的并购潮后，依然具有强大生命力并不断发展壮大。社区银行是为小型企业贷款和农业贷款提供金融服务的小型商业银行，在美国的银行体系中具有举足轻重的作用。美国社区银行经营的特点主要体现在三个方面。

一是市场定位明确。美国社区银行主要分布在小城镇、城市郊区和农村地区，专注于服务不被大型银行重视的社区普通居民、小微企业和农户，填补了这部分金融服务的空白。美国社区银行采取了典型的"求异型战略"，在目标客户、业务区域、业务品种的选择上与大型银行实行错位竞争，并形成自身的特色和优势，定位的差异化为社区银行自身带来了竞争优势，取得了较好的经济效益和社会效益。

二是服务定位清晰。社区银行的另一个突出特点是以综合性的零售银行业务产品和服务为主，可以根据不同客户的特点提供多样化、个性化的服务，包括电子银行网络、自助柜员机、住房按揭贷款、消费贷款、储蓄账户服务及收益率可观的投资产品等，有效满足了社区居民日常的金融需求。社区银行的发展之所以具有持续的竞争力，其主要原因是依赖关系型贷款，而"软信息"是关系型贷款的核心。社区银行的员工大多来自当地社区，对本社区的情况非常了解，且面对的都是本地客户，能有效获得各种"软信息"。提供贷款时，社区银行不仅关注客户的财务报表、信用记录等"硬信息"，而且会更多地考虑借款人的品行、性格、家庭背景、日常开销等特定信息，或者是有关企业和企业负责人的信誉以及相关的商业环境等"软信息"。

三是全面融入社区。社区银行的资金来源于社区，也投向该社区的投资建设，取之于"民"，用之于"民"，将社区视为其一切。不同于大型银行，除了满足社区居民的金融需求，美国社区银行时刻关注社区的最新动态，广泛参与社区的各项活动，如慈善、比赛、生日聚会等，社区银行从社区的金融服务提供者变成了社区的成员。

此外，美国政府在制度和监管方面为社区银行提供了良好的环境保障。在法律方面，专门制定了《社区再投资法》《国民银行法》《格拉斯—斯蒂格尔法案》等法律制度，为社区银行的安全发展提供保障。在监管方面，建立了以社区银行内控为基础、政府部门的专职监督为核心、社会自律组织的自律监管为纽带、中介机构的社会监督为补充的综合监督体系，可以在一定程度上保障社区银行有效地运行。

第六节　对策建议

切实提升金融扶贫效率，就要加大农民资产授托代管融资模式创新力度，建立健全解决相对贫困和防范返贫的长效机制。探索构建"政府扶持、金融机构引导、弱势群体参与"的金融扶贫新机制，形成"大扶贫"格局，完成由"输血"到"造血"的质的飞跃，为全国提供一条可复制、可推广、具有可持续性的金融扶贫"温州模式"（图7-3）。

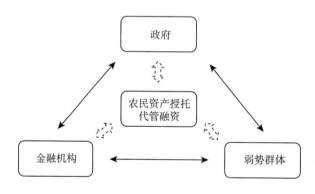

图7-3　温州金融扶贫新机制

（一）政府层面

一是建立金融扶贫长效机制。金融扶贫是一项综合性的系统工程，具有涉及面广、涵盖部门多的特点，政府部门要正确认识金融扶贫在脱贫攻坚工作中的重要作用，在政策制定上发挥好引导作用、协调作用，整合各方面的资源和力量，为金融机构参与金融扶贫创造客观的条件，实现金融扶贫良好的社会效益与金融机构自身的可持续发展相统一。金融扶贫模式的有效运作离不开完善的金融扶贫工作机制，建议多方联合，建立由金融、扶贫、财政、农业等多部门参与的金融扶贫长效联动机制，明确各部门在金融工作中的具体职责，合理分配任务，发挥各自的优势，才能确保金融扶贫政策落实落地。

二是加大金融扶贫政策支持力度。其一，发挥财税政策激励引导作用。鉴于农业的天然弱质性和商业性金融的逐利性是一对天然的矛盾，政府应该构建导向激励机制，通过必要的财税优惠政策和奖励政策，对金融机构新增涉农或扶贫贷款进行奖励和补贴，鼓励金融机构积极参与扶贫。其二，制定个性化的金融扶贫政策。在金融扶贫过程中政府应根据具体的情况制定个性化的金融扶贫政策，确保金融扶贫工作和贫困群体的金融需求保持高度一致。同时建立灵活的、可以变动的扶贫方式，根据贫困地区经济发展态势及时灵活调整金融扶贫政策。

三是落实金融扶贫保障机制。其一，建设风险分担机制。政府应该加大财政投入力度，建立面向贫困地区农户、小微企业等弱势群体的风险补偿机制，设立政府主导、社会参与的风险补偿基金。地方政府可按照每年农民资产授托代管融资业务损失贷款总额的高低，给予一定比例的补偿，提高金融机构对金融扶贫政策的支持力度。可以考虑进一步加大与银行、保险、担保机构的业务合作力度，继续探索和完善多方参与、风险共担、合作共赢的模式来化解金融机构对弱势群体提供农村抵（质）押贷款的相关风险。其二，搭建服务保障平台。培育农村产权评估市场，优化农村"三位一体"公司评估流程，鼓励以市场化方式组建农村产权评估机构。加快农村产权交易市场建设，深化确权、赋权和活权改革，建立政府主导的纠纷仲裁机构，降低农民资产授托代管融资模式处置成本。其三，建立工作监管机制。加强对金融机构开展金融扶贫工作情况的监督检查力度，将政府部门、金融机构、金融管理机构等联合起来进行统一的监督管理，引导金融机构提高扶贫工作实效。在此基础上，应定时开展工作督导和工作汇报，确保监管有效，保障金融扶贫模式的有效运作，同时将金融扶贫成效的数据对外公布，主动接受社会监督。

四是实现金融扶贫和产业扶贫融合发展。扶贫产业发展和兴旺是增强贫困地区发展动力的关键，要因地制宜加强产业扶贫。重点扶持有带动贫困人口脱贫意向的龙头企业、家庭农场、农民专业合作社等新型农业经营主体，让更多的新型农业经营主体参与到金融扶贫工作中，支持贫困群体和新型农业经营主体建立紧密的利益联结机制，激发贫困群体就业创业的积极性。

（二）金融机构层面

一是构建多元化的金融扶贫体系。进一步加大金融机构支持"三农"和小微企业的力度，实施奖励性政策，激发金融机构主动参与扶贫的积极性，建立起功能完备、高效有序、风险可控的金融扶贫体系。积极引入竞争机制，逐渐将农民资产授托代管融资模式试点单位从农商银行向其他金融机构拓展，形成百家争鸣、百花齐放的良性竞争局面。金融机构要和各级政府部门沟通协调，及时了解当地脱贫攻坚相关政策及业务知识，整理相关扶贫政策的同时，也可联动深入挖掘金融资源潜力，不断拓展业务发展渠道，尽可能地在金融扶贫工作中走出一条弱势群体、金融机构同时增收的"双赢之路"。

二是加快金融扶贫队伍建设。在金融扶贫的具体实践中，金融从业人员应当具有合格的专业素质和业务能力。金融机构要多组织对金融扶贫工作队伍中基层工作人员的相关知识和业务技能的培训，可采用线上、线下相结合的方式，进一步提高金融扶贫队伍的综合素养和履职能力。建议金融机构联合高等院校举办金融人才队伍建设培训班，提高工作人员的信贷、金融理财、支付结算等方面的业务水平，培育造就一支"懂农业、爱农村、爱农民"的"三农"工作队伍，为金融扶贫工作提供有力的人才保障。

三是创新金融扶贫产品和服务。农村金融产品和服务需要依照农村贫困地区社会发展和农村贫困地区产业发展的实际需要来创新，金融机构要重视农村金融需求和服务需求的多元化，针对不同类型的贫困群体提供不同类型、具有区域特色的金融产品和服务。加大农民资产授托代管融资业务的市场细分，实施差异化服务战略，依据不同的贫困群体特点以及不同的金融需求研发特色化的信贷产品。推进农民资产授托代管融资业务增户扩面，在保证资产安全的基础上，鼓励金融机构进行金融扶贫业务的创新，不断丰富农民资产授托代管融资的内涵。

四是拓展抵（质）押物范围。创新农村生产要素担保方式，在各项法律法规和制度允许的范围内，金融机构要进一步拓宽农村抵（质）押品范围，让法律法规不禁止、产权归属清晰的农村资产都可以成为金融机构接受的抵押资产，切实解决抵押担保方面的困难。各金融机构要加大对农村产权抵（质）押贷款的支持力度，制定措施支持贫困群体以新型抵押物融通资金，盘活更多农村沉睡的资产，以满足贫困地区的农户、小微企业等弱势群体的资金需求。

五是完善配套设施及服务。金融机构应继续加强在贫困地区的基础金融设施建设，继续加强营业网点的覆盖面积，优化农村金融服务网点布局，鼓励村镇银行、社区银行、小额贷款公司等新型金融主体参与金融扶贫工作，扩大金融服务覆盖面，为贫困群体提供便捷、高效的农村金融服务。在支付渠道建设、完善配套设备等方面下功夫，激发农民资产托管融资模式创新的内生动力，补齐金融扶贫的短板。

（三）弱势群体层面

一是培育弱势群体金融意识。把金融知识的宣传放在重要的位置，加大在贫困地区传播金融知识的力度，全面普及金融知识，提高贫困群体了解金融、运用金融知识脱贫致富的能力。积极利用新媒体，创新宣传方式方法，采用群众喜闻乐见的方式为贫困群体普及金融扶贫观念和意识，引导贫困群体增强诚信意识，营造金融扶贫良好和谐的社会环境。此外，要加大金融消费权益保护的宣传力度，重点做好金融扶贫政策、信贷产品、服务方式、金融基础知识等方面的宣传，让贫困人口更加充分地理解金融产品，提高贫困人口掌握和运用扶贫金融服务产品和工具的能力，从而更有利于农民资产授托代管融资模式的推广。利用普惠金融服务站的有利条件，设立金融业务咨询宣传台，摆放农民资产授托代管融资业务宣传手册、宣传单等，更好地为贫困群体答疑解惑。

二是推进农村信用环境建设。其一，推进农村信用体系建设。加快建立农村各类经济主体信用数据库，深入开展信用户、信用村、信用乡（镇）的创建活动，改善农村信用环境。其二，应当建立有效的激励机制。一方面对贫困户的守信行为进行正面宣传及政策奖励，另一方面要对欺诈、恶意拖延的贫困户进行严厉打击，积极营造"守信光荣、失信可耻"的浓厚信用氛围，大力改善贫困地区金融生态环境。其三，加强信用信息共享机制建设。促进扶贫信息和金融信息整合和共享，建立跨部门、弱势群体全覆盖的农村信用信息共享平台，实现扶贫信息共享，为金融机构有针对性地优化金融服务提供一定的参考，确保金融扶贫的最终效果。

三是提升弱势群体自我发展能力。"授人以鱼不如授人以渔"，让贫困群体掌握一技之长，才能真正实现长期稳定脱贫。改善欠发达地区的教育资源，提升贫困户的受教育水平，增强贫困户的综合素质和金融素养，以提高贫困户的自主脱贫能力和可持续发展能力。将对贫困地区弱势群体的培训视为当前扶贫工作的重要任务，地方政府要为贫困群体提供职业技能培训、产业技术培训和创业培训等相关培训，提高贫困群体的脱贫致富意识和业务技能。只有解决贫困群体生产发展技术难题，增强贫困群体的内生发展动力，帮助贫困群体实现自主生产和自主创业，才能有效推动金融扶贫模式运作，最终实现增收脱贫。同时地方政府也要搭建供需信息平台，提供就业招聘信息，为贫困群体提供更多的就业机会，通过提升贫困人口就业率实现地区长久脱贫。

四是引导弱势群体参与金融扶贫。贫困户、小微企业等弱势群体是金融扶贫的需求方，是金融扶贫服务的对象，也是金融扶贫的受益者，引导其通过参与金融扶贫建设，共享金融发展成果，实现农村地区经济发展和稳定脱贫，增强金融服务脱贫攻坚的能力。

参 考 文 献

毕晓宏，2018. 农村新型经营主体融资的难点与对策［J］. 银行家（2）：76 - 77.

边秀丽，2018. 新型农业经营主体金融供给的缺失与对策［J］. 农业经济（11）：95 -96.

陈露，金诚，潘丽君，2018. 温州农村金融供给与需求研究——基于助农取款服务视角
［J］. 时代经贸（24）：66 - 67.

蔡兴，蔡海山，赵家章，2019. 金融发展对乡村振兴发展影响的实证研究［J］. 当代经
济管理，41（8）：91 - 97.

曾康霖，2001. 我国农村金融模式的选择［J］. 金融研究（10）：32 - 41.

常艳华，2013. 金融支持武陵山片区扶贫开发的调查与思考——以张家界为例［J］. 金
融经济（10）：180 - 182.

陈国权，皇甫鑫，2018. 在线协作、数据共享与整体性政府——基于浙江省"最多跑一
次改革"的分析［J］. 国家行政学院学报（3）：62 - 67.

陈宏彩，2018. "最多跑一次"改革：新时代的政府效能革命［J］. 治理研究，34（3）：
39 - 44.

陈丽君，童雪明，2018. 整体性治理视阈中的"最多跑一次"改革：成效、挑战及对策
［J］. 治理研究，34（3）：29 - 38.

陈林，2018. 习近平农村市场化与农民组织化理论及其实践——统筹推进农村"三变"
和"三位一体"综合合作改革［J］. 南京农业大学学报（社会科学版），18（2）：1 -
11，157.

陈露，2015. 我国农村金融服务体系建设研究——以浙江省温州市为例［J］. 经济视角
（上旬刊）（2）：45 - 46.

陈露，叶宗宋，2014. 工商资本投资农业问题文献综述研究［J］. 中国乡镇企业会计
（3）：191 - 192.

陈淑玲，侯代男，2019. 新型农业经营主体的培育与农村地区经济转型升级问题研究
［J］. 农业经济（7）：30 - 32.

陈英华，杨学成，2018. 工商资本投资农业问题研究述评［J］. 山东农业大学学报（社
会科学版），20（2）：85 - 95.

陈忠言，2019. 产业扶贫典型模式的比较研究——基于云南深度贫困地区产业扶贫的实践 [J]. 兰州学刊（5）：163-177.

邓飞明，李珍梅，何流，2012. 银行卡助农取款服务多赢模式探索——以梧州辖区为视角 [J]. 区域金融研究（7）：69-71.

邓坤，2015. 金融扶贫惠农效率评估——以秦巴山区巴中市为例 [J]. 农村经济（5）：86-91.

邓念国，2018. "放管服"改革中政务大数据共享的壁垒及其破解——以"最多跑一次"改革为考察对象 [J]. 天津行政学院学报，20（1）：14-21.

丁斌，2014. 金融支持新型农业经营主体典型案例及启示 [J]. 西部金融（5）：74-76.

丁莹，2014. 新型农业经营主体金融服务探析——基于专业大户、家庭农场、农民合作社的视角明 [J]. 农村金融研究（6）：68-71.

丁志国，张洋，覃朝晖，2016. 中国农村金融发展的路径选择与政策效果 [J]. 农业经济问题，37（1）：68-75.

张乐，黄斌全，曹静，2016. 制度约束下的农村金融发展与农业经济增长 [J]. 农业技术经济（4）：71-83.

段小平，2018. 最多跑一次："互联网＋"时代政府治理角色的塑造 [J]. 行政科学论坛（1）：16-21.

范柏乃，陈亦宝，2017. 全面深化"放管服"改革："最多跑一次"[J]. 社会治理（6）：49-52.

冯高强，2013. 安徽省新型农业经营主体培育研究 [D]. 合肥：安徽农业大学.

高强，张照新，2015. 日本、韩国及中国台湾信用合作运行模式、发展经验与启示 [J]. 中国农村经济（10）：89-96.

顾志明，樊帆，2017. 培育新型农业经营主体的对策分析 [J]. 科教导刊（9）：175-176.

关浩杰，2018. 乡村振兴战略的内涵、思路与政策取向 [J]. 农业经济（10）：3-5.

郭洁钰，2018. 晋西北高原特色产业的精准扶贫政策研究 [J]. 中国集体经济（11）：166-167.

郭晓鸣，廖祖君，张耀文，2018. 产业链嵌入式扶贫：企业参与扶贫的一个选择——来自铁骑力士集团"1＋8"扶贫实践的例证 [J]. 农村经济（7）：1-8.

郭兴平，2013. 新时期的金融扶贫：形势、问题和路径 [J]. 农村金融研究（5）：12-16.

韩博，2005. 浅论工商资本进入农业 [J]. 内蒙古科技与经济（3）：36-38.

何显明，2018. 区域市场化进程中的"有效政府"及其演进逻辑——"浙江现象"中的政府角色之40年回顾 [J]. 浙江社会科学（3）：4-15.

胡恒松，徐丹，孙久文，2018. 金融创新助推扶贫与区域经济发展 [J]. 宏观经济管理
（1）：55-60.

胡振光，向德平，2014. 参与式治理视角下产业扶贫的发展瓶颈以及完善路径 [J]. 学
习与实践（4）：99-107.

胡振华，何继新，2012. "三位一体"农协动力机制分析 [J]. 青岛农业大学学报（社会
科学版），24（1）：26-30.

皇甫鑫，丁沙沙，2019. 数据共享、系统性创新与地方政府效能提升——基于浙江省
"最多跑一次改革"案例 [J]. 中共福建省委党校学报（4）：109-117.

黄金华，余琼平，罗国富，2015. 新型农业经营主体"融资难"待破解 [N]. 金融时
报，2015-09-01（12）.

黄新星，2012. 民族地区产业扶贫及其政策研究 [D]. 张家界：吉首大学.

黄英君，2017. 金融深化、扶贫效应与农村合作金融发展 [J]. 华南农业大学学报（社
会科学版）（1）：32-41.

黄宗智，2018. 中国新时代小农经济的实际与理论 [J]. 开放时代（3）：62-75.

黄祖辉，陈露，李懿芸，2020. 产业扶贫模式及长效机制瓶颈与破解 [J]. 农业经济与
管理（6）：25-32.

黄祖辉，俞宁，2010. 新型农业经营主体：现状、约束与发展思路——以浙江省为例的
分析 [J]. 中国农村经济（10）：16-26.

姜丽明，邢桂君，朱秀杰，等，2014. 普惠金融发展的国际经验及借鉴 [J]. 国际金融
（3）：17-22.

姜再勇，2016. 对新时期金融支持精准扶贫工作的几点认识 [J]. 甘肃金融（1）：4-7.

蒋永穆，鲜荣生，张尊帅，2015. 工商资本投资农业的现状、问题及对策建议——个基
于四川省省际调研的样本分析 [J]. 农村经济（4）：79-83.

荆菊，2020. 互联网金融背景下农村金融转型发展研究 [J]. 农业经济（5）：116-117.

居琦，2018. 金融支持新型农业经营主体发展的法律问题研究 [D]. 武汉：华中农业大
学.

孔祥毅，2006. 农村金融发展路径选择：体制突破和政策扶持 [J]. 金融理论与实践
（8）：67-69.

郎兴友，2017. "最多跑一次"：从问责、监控到政府的再确权 [J]. 浙江经济（13）：
14-15.

李晶玲，张双英，李文娟，2013. 金融支持河北省现代农业发展情况调查 [J]. 金融教
学与研究（6）：36-38.

李俊强，刘笑杉，程京京，2021. 河北省新型农业经营主体信贷融资的障碍与对策［J］. 保定学院学报，34（4）：18－26.

李琳，2019. 河北省新型农业经营主体融资问题研究［J］. 现代商业（4）：77－78.

李伶俐，周灿，王定祥，2018. 中国农村扶贫金融制度：沿革、经验与趋向［J］. 农村经济（1）：61－68.

李明贤，叶慧敏，2014. 我国农村金融发展与农民收入增长的实证研究［J］. 江西财经大学学报（4）：88－97.

李巧莎，吴宇，2014. 金融支持现代农业发展的路径选择［J］. 农村经济与科技（9）：94－96.

李荣梅，2016. 精准扶贫背景下产业扶贫的实践模式及经验探索［J］. 青岛农业大学学报（社会科学版），28（4）：1－4，20.

李文峰，2018. 浙江"最多跑一次"的创新实效——基于"第三方评估"的报告［J］. 浙江学刊（5）：35－44.

李文欢，2019. 完善我国农业税收政策的相关建议［J］. 中国农业会计（5）：44－47.

李耀清，黄瑞刚，覃丹婧，2017. 基于"互联网＋"思维的新时期金融精准扶贫模式研究［J］. 区域金融研究（5）：12－19.

李一，2017. 浙江"最多跑一次"改革的实践探索和发展意蕴［J］. 中共浙江省委党校学报，33（6）：70－75.

李志萌，张宜红，2016. 革命老区产业扶贫模式、存在问题及破解路径——以赣南老区为例［J］. 江西社会科学（7）：61－67.

李中坚，赵大志，任天智，2016. 银行卡助农取款服务发展成效、存在问题与对策——基于对武威市的调查［J］. 甘肃金融（1）：57－60.

马春霞，贾贤婕，2012. 银行卡助农取款服务模式的实效分析——以温州市为例［J］. 金融会计（11）：37－44.

李周清，2006. 我国产业化扶贫任重而道远［J］. 老区建设（5）：8－9.

廖霄梅，2019. 普惠金融发展的国际经验及借鉴探究［J］. 中国市场（15）：45－46.

林芳，2016. 互联网金融与小微企业融资模式创新探析［J］. 中国市场（3）：79－80.

林丽娟，2017. 新常态下我国农村金融服务体系建设研究［J］. 农业经济（5）：94－96.

林万龙，华中昱，徐娜，2018. 产业扶贫的主要模式、实践困境与解决对策——基于河南、湖南、湖北、广西四省区若干贫困县的调研总结［J］. 经济纵横（7）：102－108.

林移刚，杨文华，2017. 我国乡村旅游精准扶贫困境与破解研究：基于生产要素视角［J］. 云南民族大学学报（哲学社会科学版），34（2）：121－127.

刘合光，2018. 乡村振兴战略的关键点、发展路径与风险规避 [J]. 新疆师范大学学报（哲学社会科学版），39（3）：25-33.

刘伟. 2018. 以供给侧结构性改革为主线建设现代化经济体系 [J]. 中国邮政（5）：62-64.

刘卫柏，于晓媛，袁鹏举，2019. 产业扶贫对民族地区贫困农户生计策略和收入水平的影响 [J]. 经济地理（11）：175-182.

刘艳秋，2011. 工商资本进入农业领域的动力机理及其应注意的问题 [J]. 中国科技财富（8）：231.

刘志成，2013. 湖南新型农业经营主体培育现状、问题与对策 [J]. 湖南社会科学（6）：128-131.

龙晓柏，龚建文，2018. 英美乡村演变特征、政策及对我国乡村振兴的启示 [J]. 江西社会科学，38（4）：216-224.

张丽娜，王静，2014. 农村金融规模、结构、效率与经济增长关系的实证分析 [J]. 西北农林科技大学学报（社会科学版），14（2）：53-59.

楼栋，孔祥智，2013. 新型农业经营主体的多维发展形式和现实观照 [J]. 改革（2）：65-77.

罗继红，2018. 深化农村金融创新助力乡村振兴战略 [J]. 桂海论丛，34（1）：68-72.

吴南，2019. 农村金融推动乡村振兴战略发展的路径策略分析 [J]. 农业经济（12）：87-89.

骆昭东，2018. 金融支持"乡村振兴"战略研究——以陕西省为例 [J]. 西部金融（1）：27-29.

陈放，2018. 乡村振兴进程中农村金融体制改革面临的问题与制度构建 [J]. 探索（3）：163-169.

吕瑛春，余良，姬明琦，2015. 依托惠农金融服务点实现普惠金融新拓展——以青海省海东市为视角 [J]. 青海金融（9）：31-34.

罗勇成，2015. 推广助农取款助力普惠金融 [J]. 北方金融（4）：75-77.

马宝成，2018. 深化"最多跑一次"改革：从系统性迈向重构性 [J]. 治理研究，34（3）：20-28.

么晓颖，王剑，2016. 金融精准扶贫：理论内涵、现实难点与有关建议 [J]. 农银学刊（1）：4-7.

莫光辉，2017. 精准扶贫视域下的产业扶贫实践与路径优化——精准扶贫绩效提升机制系列研究之三 [J]. 云南大学学报（社会科学版）（1）：102-112.

倪旭，2018. 我国新型农业经营主体信用评价研究［D］. 北京：中国农业科学院．

欧阳梅，2018. 新型农业经营主体的金融支持研究［D］. 北京：首都经济贸易大学．

潘淑娟，2007. 农村合作金融重构路径分析——基于内外部治理关系解构视角［J］. 学术界（5）：142-150.

潘悦宁，2018. 新型农业经营主体融资问题探析［J］. 农业经济（9）：6-8.

庞金波，刘鑫颖，李炎，2018. 黑龙江省农村金融扶贫水平分析及对策建议［J］. 农业现代化研究（1）：87-95.

商文瑜，2013. 金融支持新型农业经营主体发展的调研与建议［J］. 西部金融（10）：66-68.

沈费伟，2020. 新型农业经营主体的培育逻辑、发展困境与路径指向［J］. 山西农业大学学报（社会科学版），19（3）：76-83.

沈宏亮，张佳，郝宇彪，2020. 乡村振兴视角下产业扶贫政策的增收效应研究——基于入户调查的微观证据［J］. 经济问题探索（4）：173-183.

舒小林，2016. 新时期民族地区旅游引领产业群精准扶贫机制与政策研究［J］. 西南民族大学学报（人文社科版）（8）：130-136.

宋根节，2008. 农村金融体系现状及其完善对策［J］. 中国农学通报（10）：570-574.

苏畅，苏细福，2016. 金融精准扶贫难点及对策研究［J］. 西南金融（4）：23-27.

苏基溶，廖进中，2009. 中国金融发展与收入分配、贫困关系的经验分析——基于动态面板数据的研究［J］. 财经科学（12）：10-16.

孙飞霞，2015. 新型农村合作金融组织的发展瓶颈与路径选择［J］. 学术交流（7）：136-140.

孙悦，2010. 武城农商行金融支持新型农业经营主体发展研究［D］. 泰安：山东农业大学．

孙中华，2012. 大力培育新型农业经营主体 夯实建设现代农业的微观基础［J］. 农村经营管理（1）：1.

谭永风，陆迁，郎亮明，2020. 市场不确定性、产业扶贫项目参与对农户贫困脆弱性的影响［J］. 西北农林科技大学学报（社会科学版），20（4）：121-130.

汪锦军，2018. "最多跑一次"改革的创新实践和政府治理转型的新命题［J］. 中共杭州市委党校学报（3）：74-79.

汪来喜，2016. 新型农业经营主体融资难的成因与对策［J］. 经济纵横（7）：70-73.

汪艳涛，2014. 农村金融支持是否促进新型农业经营主体培育——理论模型与实证检验［J］. 经济金融学研究（9）：89-99.

王丛莲, 2016. 银行卡助农取款服务公益与效益的平衡——以肥西县为例 [J]. 科学与财富 (10): 379.

王国华, 李克强, 2006. 论我国农村金融抑制与金融制度创新 [J]. 中央财经大学学报 (5): 27-33, 46.

王国庆, 王亚峰, 2017. 关于加快推进宁夏产业扶贫的对策建议 [J]. 农业科学研究, 38 (1): 65-68.

王华, 2014. 当好新型城镇化的金融主力军 [J]. 中国农村金融 (7): 81-83.

王慧敏, 2014. 新型农业经营主体的多元发展形势和制度供给 [J]. 中国农村金融 (1): 25-27.

王吉恒, 毕家豪, 2017. "五、四" 联动金融精准扶贫模式探索与实践——基于大庆市助推扶贫攻坚调研 [J]. 农业经济与管理 (2): 32-38.

王敬力, 刘德生, 庄晓明, 2011. 金融扶贫机制的新探索: 拾荷模式 [J]. 南方金融 (4): 54-58.

王晴, 2014. 西藏入境旅游产业结构灰色关联度分析 [J]. 商场现代化 (6): 196.

王曙光, 2013. 努力构建新型农业经营体系 [J]. 中国农村金融 (10): 21-22.

王旭, 2017. 对银行卡助农取款服务四位一体可持续发展模式的思考 [J]. 时代金融 (27): 89, 102.

魏景茹, 2017. 助农取款服务点发展的理性思考——以松原市为例 [J]. 吉林金融研究 (3): 61-63.

翁列恩, 2019. 深化 "最多跑一次" 改革构建整体性政府服务模式 [J]. 中国行政管理 (6): 154-155.

汪锦军, 2017. "最多跑一次" 改革与地方治理现代化的新发展 [J]. 中共浙江省委党校学报, 33 (6): 62-69.

吴成浩, 2019. 河南省培育新型农业经营主体的金融政策研究 [J]. 金融理论与实践 (8): 100-105.

吴桂芝, 2007. 恩施州农业产业化扶贫问题研究 [D]. 武汉: 华中农业大学.

吴盛光, 2018. 金融支持乡村振兴的国外经验与启示 [J]. 华北金融 (5): 72-75.

吴霞红, 2010. 浅淡建立健全农村金融体系 [J]. 中国商界 (12): 25.

吴云超, 2014. 特色专业村寨的形成历程对连片特困地区扶贫攻坚的启示 [J]. 经济地理, 34 (6): 149-154.

伍艳, 2012. 中国农村金融发展的减贫效应研究——基于全国和分区域的分析 [J]. 西南民族大学学报 (人文社会科学版), 33 (7): 109-113.

夏琦，彭中，崔连翔，2013. 农业银行金融支持家庭农场的模式探讨——以湖北分行为例 [J]. 农村金融研究 (12)：28 - 32.

夏行，2017. "最多跑一次"是政府自我革命的全新理念 [J]. 领导科学 (19)：4 - 5.

谢平，2001. 中国农村信用合作社体制改革的争论 [J]. 金融研究 (1)：1 - 13.

辛玉凤，2015. 对农村牧区嘎查村助农金融服务点建设与可持续发展思考——以呼伦贝尔为例 [J]. 北方金融 (8)：50 - 51.

邢成举，2017. 产业扶贫与扶贫"产业化"——基于广西产业扶贫的案例研究 [J]. 西南大学学报 (社会科学版) (5)：63 - 70.

徐军，2014. 对在农村地区大规模推广银行卡助农取款服务站的 SWOT 分析 [J]. 时代金融 (12)：84 - 85.

徐旭初，金建东，吴彬，2018. "三位一体"综合合作的浙江实践及思考 [J]. 农业经济问题 (6)：58 - 66.

许汉泽，徐明强，2020. 再造新集体经济：从"产业扶贫"到"产业兴旺"的路径探索——对 H 县"三个一"产业扶贫模式的考察 [J]. 南京农业大学学报 (社会科学版) (4)：78 - 90.

许其文，2019. 发展来料加工助力精准扶贫 [J]. 农家致富顾问 (20)：292 - 293.

鄢红兵，2015. 创新"金融＋"实施精准扶贫——当前我国金融扶贫的难点及对策 [J]. 武汉金融 (9)：56 - 59.

杨俊，王燕，张宗益，2008. 中国金融发展与贫困减少的经验分析 [J]. 世界经济 (8)：62 - 76.

杨向东，2016. 国外农业财税政策对中国的启示 [J]. 世界农业 (1)：92 - 96.

杨云龙，王浩，何文虎，2016. "四元结构"下我国金融精准扶贫的模式研究 [J]. 西部金融 (9)：47 - 53.

杨钊，2016. 金融精准扶贫的路径选择与实践演进 [J]. 武汉金融 (11)：60 - 66.

俞富强，2012. 论银行卡助农取款服务点建设的战略意义 [J]. 邮政研究，28 (5)：11 - 13.

郁建兴，高翔，2018. 浙江省"最多跑一次"改革的基本经验与未来 [J]. 浙江社会科学 (4)：76 - 85.

郁建兴，黄飚，2019. 超越政府中心主义治理逻辑如何可能——基于"最多跑一次"改革的经验 [J]. 政治学研究 (2)：49 - 60.

张琛，高强，2017. 论新型农业经营主体对贫困户的脱贫作用 [J]. 西北农林科技大学学报 (社会科学版) (2)：73 - 79.

张春美，黄红娣，曾一，2016. 乡村旅游精准扶贫运行机制、现实困境与破解路径 [J].
农林经济管理学报，15 (6)：625 - 631.

张海鹏，郜亮亮，闫坤，2018. 乡村振兴战略思想的理论渊源、主要创新和实现路径
[J]. 中国农村经济 (11)：2 - 16.

张洪涛，2015. 用保单质押撬动"三农"信贷 [N]. 金融时报，2015 - 03 - 25 (11) .

张杰，2003. 中国农村金融制度：结构、变迁与政策 [M]. 北京：中国人民大学出版社 .

张金恒，李翠平，2019. 提升"助农"服务水平助力乡村振兴发展——沧州市助农取款
业务开展情况调查 [J]. 河北金融 (5)：70 - 72.

张敬石，郭沛，2011. 中国农村金融发展对农村内部收入差距的影响——基于 VAR 模
型的分析 [J]. 农业技术经济 (1)：34 - 41.

张启文，黄可权，2015. 新型农业经营主体金融服务体系创新研究 [J]. 学术交流 (7)：
130 - 135.

张永红，2013. 银行卡助农取款业务可持续发展的现实审视与理性思考——以江西吉安
为例 [J]. 2013 (7)：34 - 37.

张照新，赵海，2013. 新型农业经营主体的困境摆脱及其体制机制创新 [J]. 改革 (2)：
78 - 87.

赵维清，2012. 农村新型合作体系建设研究——以浙江省瑞安、温州为例 [J]. 农村经
济 (9)：122 - 126.

赵文瑞，2016. 农村地区银行卡助农取款服务的调查与思考——以甘肃省定西市为例
[J]. 吉林金融研究 (9)：60 - 62.

赵秀玲，2018. 乡村振兴下的人才发展战略构想 [J]. 江汉论坛 (4)：10 - 14.

赵宇，2021. 促进新型农业经营主体发展的税收优惠制度研究 [D]. 江西财经大学 .

郑炎成，陈文科，张俊飚，2018. 工商资本投资农业的经典溯源及其实践 [J]. 社会科
学动态 (9)：5 - 18.

钟慧安，2016. 普惠金融的国际经验与启示 [J]. 武汉金融 (1)：44 - 45.

周开禹，2016. 助农取款服务可持续发展探析 [J]. 金融理论与实践 (9)：110 - 112.

朱康对，翁满红，朱伟兵，2008. 来料加工与欠发达山区农民增收——浙南山区来料加
工业发展情况调查 [J]. 浙江经济 (7)：42 - 43.

庄举伦，孙胜春，张霄，2015. 支付领域普惠金融发展路径探索 [J]. 金融发展研究
(2)：81 - 83.

祖建新，陈劲松，2020. 农户信用合作融资的历史演进与内在逻辑 [J]. 农村经济 (9)：
110 - 116.

Agyapong D Micro, 2010. Small and Medium Enterprises Activities, income level and Poverty Reduction in Ghana - A Synthesis of Related Literature [J]. International Journal of Business and Management, 5 (12): 196 - 205.

Alchlan A, Demsetz H, 1972. Production, Information Costs, and Economic Organization [J]. American Economic Review (62): 777 - 795.

Bartell M, 2003. Internationalization of Universities: A University culture - based Framework [J]. Higher Education, 45 (1): 43 - 39.

Basu P, 2005. Credit Risk Models and Agricultural Lending [J]. American Journal of Agricultural Economics, 87 (1): 194 - 205.

Bigman D, Srinivasan P V, 2002. Geographical Targeting of Poverty Alleviation Programs: Methodology and Applications in Rural India [J]. Journal of Policy Modeling, 24 (3): 237 - 255.

Bruhn M, Love I, 2014. The Real Impact of Improved Access of Finance: Evidence from Mexico [J]. Journal of Finance, 69 (3): 1347 - 1376.

Burgess R, Pande R, Review A E, et al, 2005. Do Rural Banks Matter? Evidence from the India Socail Banking Experiment [J]. The American Economic Review, (3): 780 - 795.

Chang H H, Mishra A K, Livingston M, 2011. Agricultural Policy and its Impact on Fuel Usage: Empirical Evidence from Farm Household Analysis [J]. Applied energy, 88 (1): 348 - 353.

Chang H L, Rhee B D, 2011. Trade Credit for Supply Chain Coordination [J]. European Journal of Operational Research, 214 (1): 136 - 146.

Craig D, Porter D, 2005. The Third Way and the Third World: Poverty Reduction and Social Inclusion in the Rise of "Inclusive" Liberalism [J]. Review of International Political Economy, 11 (2): 387 - 423.

De Gregorio J, Kim S, 2000. Credit Markets With Differences in Abilities: Education, Distribution and Growth [J]. International Economic Review, 41 (3): 579 - 607.

DeYoung, R Bank, 1997. Mergers, X - Efficiency, and the Market for Corporate Control [J]. Managerial Finance, 23 (1): 32 - 47.

Fama E F, Jensen M C, 1983. Separation of Ownership and Control [J]. Journal of Law and Economics, 26 (2): 301 - 325.

Feather, Peter M, 1994. Sampling and Aggregation Issues in Random Utility Model Estimation [J]. American Journal of Agricultural Economics, 76 (4): 772 – 780.

Fulford, S L, 2013. The Effects of Financial Development in the Short and Long Run: Theory and Evidence from India [J]. Journal of Development Economics (104): 56 –72.

Fulton M, 1995. The Future of Canadian Agricultural Cooperatives: A Property Rights Approach [J]. American Journal of Agricultural Economics, 77 (5): 1153 – 1159.

Hasim H M, 2014. Developing a Conceptual Framework of Micro – credit as a Strategy Towards Poverty Alleviation [J]. Journal of Economics and Sustainable Development, 5 (28): 1 – 8.

Huge T, 1996. Patrick. Financial Development and Economic Growth in Underdeveloped Countries [J]. Economic Development and Culture Change, 2 (14): 174 – 189.

Ilipoulos C, 2013 . Public Policy support for agricultural cooperatives: an organizational economics approach [J]. Annals of Public & Cooperative Economics (84): 241 – 252.

Inoue T, Hamori S, 2012. How has Financial Deepening Affected Poverty Reduction in India Empirical Analysis Using State – level Panel Data [J]. Applied Financial Economics, 22 (5): 395 – 408.

Jain S K, Tripathy K K, 2011. Micro – Finance and Rural Enterprises: An Analysis of Operational Performance and Constraints in the SHG – Bank Linkage Program in India [J]. Eurasian Economic Review, 1 (1): 29 – 50.

Jeaneney S G, Kpodar K, 2011. Financial Development and Poverty Reduction: Can There be Benefit without a Cost [J]. The Journal of Development Studies, 4 (1): 143 – 163.

John G, 1921. Thompson. Mobility of the Factors of Production as Affecting Variation in Their Proportional Relation to Each Other in Farm Organization [J]. The Journal of Political Economy (29): 43.

Johnson T G, 1989. Entrepreneurship and Development Finance: Keys to Rural Revitalization [J]. American Journal of Agricultural Economics, 71 (5): 1324 – 1326.

Karantininis R, Zago A, 2004. Model of Government – stake – holder Collaboration New Canadian Federal Cooperative Legislations [J]. Presented at the International Symposium on Institutional Arrangements and Legislative Issues of Farmer Cooperatives (5): 13 – 18.

Khandker S R, 2003. Micro – finance and Poverty: Evidence Using Panel Date From Bangladesh [J]. Policy Research Working Paper, 19 (2): 263 – 286.

Kiendrebeogo Y，Minea A，2016. Financial Development and Poverty：Evidence from the CFA Franc Zone [J]. Applied Economicis，48（56）：5421－5436.

Kumar M，Bohra N S，Johari A，2010. Micro－Finance as an Anti Poverty Vaccine for Rural India [J]. International Review of Business and Finance（1）：29－35.

Muhammad Khan，Khalid Zaman，et al，2014. Global estimates of growth－inequality－poverty（GIP）triangle：evidence from World Bank's classification countries [J]. Quality & Quantity，48（5）：2631－2646.

Osborne T，2006. Credit and Risk in Rural Developing Economies [J]. Journal of Economic Dynamics and Control（4）：541－568.

Shafi M，Bakht J，Ali S，et al，2012. Effect of Planting Density on Phenology，Growth and Yield of Maize（Zea mays L.）[J]. Pakistan Journal of Botany，44（2）：691－696.

Valentinov V，2007. Why are Cooperatives Important in Agriculture? An Organizational Ecnomocs Perspective [J]. Journal of Institutional Economics，3（1）：55－69.

Vallesi M，Manelli A，2016. To Visualize the Combination between Agriculture Financial Risk and Actions to Take [J]. Calitatea，17（1）：585－597.

Welfare in Rwanda [J]. Applied Economic Perspective & Policy，2（37）：86－106.